殷周鼎革论

附：《逸周书》二篇校注绎文

程水金 —— 著

人民东方出版传媒
People's Oriental Publishing & Media
东方出版社
The Oriental Press

图书在版编目（CIP）数据

　　殷周鼎革论：附《逸周书》二篇校注绎文 / 程水金著. --北京：
东方出版社，2023.3
　　ISBN 978-7-5207-2060-1

　　Ⅰ.①殷…　Ⅱ.①程…　Ⅲ.①中国历史－研究－周代
Ⅳ.① K224.07

　　中国版本图书馆 CIP数据核字（2022）第 223574号

殷周鼎革论：附《逸周书》二篇校注绎文

YINZHOU DINGGELUN FU YIZHOUSHU ERPIAN JIAOZHU YIWEN

- -

责任编辑： 张晓雪　　侯　魁

出　　版： 东方出版社

发　　行： 人民东方出版传媒有限公司

地　　址： 北京市东城区朝阳门内大街 166号

邮　　编： 100010

印　　刷： 天津海德伟业印务有限公司

版　　次： 2023年3月第1版

印　　次： 2023年3月第1次印刷

开　　本： 787毫米×1092毫米　1/16

印　　张： 14

字　　数： 160千字

书　　号： ISBN 978-7-5207-2060-1

定　　价： 52.00元

发行电话：（010）85924640

- -

江西省高水准大学

"江右人文与中国哲学"一流学科群建设经费资助

目 录

弑君与革命：
一个争议不断的历史话题

　　在中国古代三千多年的文明进程之中，有几个历史事件，无论是当世之人的态度与认知，还是后世之人的判断与评价，无不呈现着巨大的认识鸿沟与评断张力，以致在相当程度上不仅对于事件本身的性质难以做出准确的是非定性，而且对于事件的社会作用也难以给出恰如其分的历史定位。当然，之所以如此，其中固然不可避免地存在着评判者仁智互见的主观立场及其价值倾向，也与时代的变迁及其视角的变换不无关系；且当事者行为的诡秘及其事后的掩饰，也更是致使历史真相扑朔迷离难以捕捉的重要因素。而尤为关键的是，"成者为王，败者为寇"，这种必然与成功相伴而生的连带话语霸权，只要它们愿意祭起"鼓天下之动者存乎辞"的魔咒，必将造就某种无孔不入且所向披靡乃至千有百年深固难徙的集体无意识。久而久之，那些深深隐藏在事件背后而沉没在历史长河之中的具体当事者的个人心态及其最初的行为动机，也就无从打捞，也无法回溯了。

　　武王伐纣，周人灭商，无论是历史的真相，还是事件的性质，自周季以来，就是一个见仁见智而争议不断的历史话题。

　　孔门弟子端木子贡说，"纣之不善，不如是之甚也。是以君子恶居下流，天下之恶皆归焉"（《论语·子张》）。子贡似乎意识到，战败失国的商纣王已然成了一个"箭垛式"的人物，世人习惯性地将天下的一切罪恶皆一股脑儿推向其人之身。所谓"斫涉剖贤，炙忠剔孕"，已然是过甚之辞；其甚之又甚者，莫过于把所谓"醢鬼侯、脯鄂侯"之类令人发指的残暴行径，也一并归由商纣王一人承担罪责。① 然而推究其实，商纣王并不如传说的这么不堪。于是子贡悟出了"君子恶居下流"这一非常深刻而又令人无比畏怖的人生道理。而时至战国，孟子也开始怀疑世传周代王室的早期文献《武成》的真实性。他也不无感慨地告诫他的弟子们说，"尽信《书》，则不如无《书》，吾于《武成》，取二三策而已矣"，其理由是："仁人无敌于天下，以至仁伐至不仁，而何其血之流杵也！"（《孟子·尽心下》）不难设想，孟子这话的言说时间及其立论前提，大抵也是在商纣王这个"箭垛式"的人物形象已然"堆垛"到相当"丰满成熟"之后的事了。孟子认为，商纣王既然如此残暴不仁，在他治下的殷人实已不堪其虐，当他们面对僻处西土的周人军队远来吊民伐罪，自然应该欢天喜地，载歌载舞，扶老携幼，"箪食壶浆以迎王师"甚至"若崩厥角稽首"了。因此，他认为，之所以谓之"征"，其实就是"正"，不过是双方借此改正自己的过错而已，哪里需要大开杀戒呢！② 而《武成》却将武王伐纣的仁义之战描述成"血流漂杵"的

---

① 宋人罗泌《路史·发挥》卷六"关龙逄：桀纣事多过实"条论之甚详，可参阅。
② 孟子这样想象商周之战的场面："武王之伐殷也，革车三百两，虎贲三千人。王曰：'无畏！宁尔也，非敌百姓也。'若崩厥角稽首。"意思是说，武王对殷民宣布"伐殷"目的是安定百姓，于是在场的所有殷民，立即哗啦啦跪地叩起响头。看那大片头颅不断叩地的场景，就像山体突崩之后的土石滚动一样，一波接着一波。据此想象，他兴奋地说："征之为言正也，各欲正己也，焉用战？"（《孟子·尽心下》）

残酷与杀戮，这当然是孟子不愿接受的，所以"尽信《书》，则不如无《书》"，其于《武成》，只取三两支竹简的内容就够了。

由此可见，虽然孟子与子贡所致疑的方向不免大相径庭，对商纣王的道德品行之定性也完全不在同一轨道；然而正如东汉民间思想家王充所言，这"一圣一贤，共论一纣"，竟至"轻重殊称，多少异实"，①确乎不免龃龉与矛盾！

如果说子贡"君子恶居下流"的感悟与孟子"仁人无敌于天下"的信念，说到底，还仅仅是致疑于商纣王本人的品格与德性；那么齐宣王与孟子的一番议论，则是涉及武王伐纣的行为究竟是否合乎道义的性质问题了。显然，这注定是一个非常沉重的历史话题，也是一个更为严肃的学术问题。

齐宣王问孟子：商汤放逐了夏桀，周武王伐灭了商纣王，有这种事情吗（"汤放桀，武王伐纣，有诸"）？孟子回答说，在传说之中是有这回事（"于传有之"）。于是齐宣王反问孟子："臣弑其君，可乎？"其言下之意就是说，作为臣下的商汤与周武王，竟然以下犯上，放逐乃至杀害了自己的君主。这种行为，难道是正当合理的吗？孟子解释说：

> 贼仁者谓之"贼"，贼义者谓之"残"，残贼之人，谓之一夫。闻诛一夫纣矣，未闻弑君也。（《孟子·梁惠王下》）

① 黄晖：《论衡校释》卷七，中华书局 1990 年版，第 345 页。据应劭《风俗通义·正失篇》所载，孟子也曾为夏桀及商纣王叫屈，说过与子贡相类似的话："孔子曰：'众善焉，必察之；众恶焉，必察之。'孟轲云：'尧舜不胜其美，桀纣不胜其恶。传言失指，图景失形。'众口铄金，积毁销骨，久矣其患之也。"见王利器：《风俗通义校注》卷二，中华书局 2010 年版，第 59 页。

用现代人的口头语来对译，孟子这话的意思就是：伤仁害义的人，就是为众人所不齿的"人渣"，杀掉一个为人不齿的"人渣"，是不能叫作"弑君"的！我只听说周武王诛杀了那个名叫纣的"人渣"，却没听说周武王杀了他的君主。孟子绕开了齐宣王"以臣弑君"是否"合乎道义"的质疑；然后耍了一个花招，利用类似明清之世官府衙门对付那些学有所成而颇副人望的读书人的手段："褫夺功名，再行论罪"。他首先从道义上褫夺了商纣王作为"君主"的资格与名号，把他的身份降为庶人，然后宣称：杀了这个名叫纣的"人渣"，不过是杀一个无足轻重的普通罪人而已，是不可以用"以下犯上"的"弑君"名义给武王定罪的。不过孟子这一招，汉代学者赵邠卿早就看出来了，于其所著《孟子章指》中便点明本章大意说："孟子言纣以崇恶，失其尊名，不得以君臣论之。"[1]

由此可见，孟子对"弑君"是否合乎道义的追问避而不答，只是申说商纣王之恶使他丧失了君主的资格，故而不可按"以下犯上"的常理从"弑君"的行为看待武王伐纣。这说明，孟子一方面承认"弑君"是不合道义的；另一方面又认为，如果君主丧失了作为"君主"的应有品格，作为臣子也是可以把他推翻流放甚至也不妨杀之而后快的。显然，孟子既不轻许"弑君"合乎道义，却又极力为武王伐纣的"弑君"行为辩护与开脱。

不过，虽然孟子从理论上，也从道义上，为武王伐纣的"弑君"行为做了大力开脱与辩护，但这个问题并没有因此而得到彻底的解决。

---

[1] 焦循：《孟子正义》卷五，中华书局1987年版，第146页。

及至战国之末，人们仍然是不断地旧事重提，且问题的性质也逐步演变成有关汤武取天下是否属于权力篡夺的追诉。当然，也不可否认，问题的焦点之所以由"弑君"演变为"篡夺"，这是与春秋战国时代社会风尚的演变密不可分的。众所周知，正如司马迁《太史公自序》所言，春秋二百四十二年之中，"弑君三十六，亡国五十二，诸侯奔走不得保其社稷者不可胜数"。然而，如果详细考察春秋时代的"弑君"事件，则不难发现，春秋时代各国卿大夫的"弑君"，大多数情况下都是在"弑君"之后于公室或王族近亲成员之中物色人选以另立新君，很少发生由"弑君"者本人取而代之以做君主的现象，除非弑者与被弑者乃骨肉至亲。然而，及至战国，情形便大为不同。三家分晋、田氏代齐、戴氏取宋，庄子之所谓"窃钩者诛，窃国者侯"的无耻与贪婪，已成司空见惯之事。在这种社会氛围与政治背景之下，"汤放桀，武王伐纣"的性质争议，便由"弑君"且是否合乎道义，一变而为"取天下"且是否属于无耻的"篡夺"了。谓予不信，请看《荀子·正论篇》的这段文字：

> 世俗之为说者曰："桀、纣有天下，汤、武篡而夺之。"是不然。……汤、武非取天下也，修其道，行其义，兴天下之同利，除天下之同害，而天下归之也。桀、纣非去天下也，反禹、汤之德，乱礼义之分，禽兽之行，积其凶，全其恶，而天下去之也。天下归之之谓王，天下去之之谓亡。故桀、纣无天下而汤、武不弑君，由此效之也。汤、武者，民之父母也；桀、纣者，民之怨贼也。今世俗之为说者，以桀、纣为君而以汤、武为弑，然则是诛民之父母而

师民之怨贼也，不祥莫大焉。以天下之合为君，则天下未尝合于桀、纣也。……今世俗之为说者，以桀、纣为有天下而臣汤、武，岂不过甚矣哉！①

"世俗之为说者"之所谓"桀、纣有天下，汤、武篡而夺之"，与齐宣王的论调相仿佛，但是又在"弑君"的前提下增加了"篡而夺之"或说"取天下"而"有之"之关乎行为动机的新指控，因而荀子也是针对这两个方面分别加以辩护。

首先，就汤武是否"弑君"而论，荀子也与孟子的思路一致。他同样认为，桀纣"反禹汤之德"，其行为与他们的先世君王夏禹与商汤背道而驰。"乱礼义之分，禽兽之行，积其凶，全其恶"，他们扰乱了社会政治秩序，丧失了基本的人伦道德；荒淫无耻，同于禽兽；无恶不作，坏事做绝；则"桀纣者，民之怨贼也"。既然他们已经丧失了作为君王应有的高尚品质与政治德行，也就算不得君王，反而沦为"民之怨贼"了。而商汤与周武王则"修其道，行其义，兴天下之同利，除天下之同害"，这样，汤武便是为天下兴利除害的"民之父母"。倘若明白了这个道理，仍然还是执意认为桀纣"为君"而汤武"为弑"，那便是谴责（"诛"）"民之父母"而尊敬（"师"）"民之怨贼"了。岂不是糊涂到善恶不分、是非莫辨了吗？因此，"以桀纣为有天下而臣汤武"，或以汤武为"弑君"，这是有意颠倒黑白，是非常荒唐可笑的说法！总而言之，荀子认为，就其实际的所作所为而论，桀纣既不配做汤武之

---

① 王先谦：《荀子集解》卷十二，中华书局1988年版，第322—325页。

君，汤武更不会耻为桀纣之臣；因此，商汤诛杀了夏桀，周武王讨伐了商纣，决然不能以"弑君"之罪论之。

其次，就汤武是否"取天下"或说是否"篡而夺之"而论，荀子以民心向背作为是否"有天下"的标准与尺度，由此而推出"天下归之之谓王，天下去之之谓亡"这个光耀千秋的思想命题。以此为前提，他进而论述了汤武"有天下"而非"取天下"的一番道理。毋庸讳言，就事情的最终结果来看，虽然商汤与周武王毫无悬念地拥"有"了天下，夏桀与商纣王也无所保留地丧"亡"了天下；但究其终极原因，既不是汤武处心积虑地"篡而夺之"，也不是桀纣心甘情愿地奉而送之；而是由于汤武"兴天下之同利，除天下之同害，而天下归之"，也更是由于桀纣"积其凶，全其恶，而天下去之"的结果。汤武为天下之民兴利除害，实为"民之父母"，因而天下之民皆"归"而往之；桀纣"乱礼义之分"，为"禽兽之行"，实为"民之怨贼"，所以天下之民皆弃而"去"之。则汤武"有天下"而非"取天下"，岂非如日月之明而为天下后世之有目者所共睹邪！因此，"取天下"者，贪夫"篡而夺之"也；"有天下"者，天下"合而归之"也。是以"有天下"之与"取天下"，无论就其手段与过程以言，抑或就其动机与结果而论，其思想意义及其概念内涵都是完全不同的。

经过孟子与荀卿这两位战国时代的重量级儒家学者先后呼应的精意辩护与论证，有关汤武"弑君"以及"桀纣有天下，汤武篡而夺之"的质疑之声，似乎一度之间稍有平息，因而"汤放桀，武王伐纣"不仅不被看作是"以下犯上"的"弑君"行为，而且在周秦之际，亦浸假而为某些不知名的《易》学宗师们定性为"顺乎天而应乎人"的"革命"

行动了。《易大传》说:

> 天地革而四时成,汤武革命,顺乎天而应乎人。革之时,大
> 矣哉! [①]

　　毋庸讳言,《周易·革卦·象传》这一说法,可以看作是孟子与荀卿相关思想的哲学总结。[②] 在《象传》的作者看来,汤武之代桀纣而有天下,并不是因为商汤与周武王通过违背天意而逆于人心的暴力征伐所博取的个人利益,而是"顺乎天而应乎人"的"革命"成果。也就是说,汤武之代桀纣,是"天命流演与更替"的大势所趋,体现着与天地同流及四时代序一样的客观必然性,并不是汤武其人所可以力强而致的人为结果。所谓"革之时,大矣哉",意思就是说:"汤武革命"的本质意义,就全部集中在"顺天应人"这个适应自然流演与社会发展的伟大趋势之中。[③] 因此,既然"汤武革命"是与人为的暴力征伐毫不相干的,那么所谓"篡弑",也就无从说起了。

　　然而,不幸的是,虽然《易大传》对"汤放桀,武王伐纣"的行为从"顺乎天而应乎人"的哲学高度作了历史总结并且给予了至高无上的大力褒扬,但是"汤武代桀纣而有天下",究竟是"受命"还是"放

----

① 　朱熹:《周易本义》卷二,上海古籍出版社1987年版,第43页。
② 　晋太康二年汲郡人不准私发魏安釐王冢,得竹书数十车。据杜预《春秋左传注后序》:汲冢书有"《周易》上下篇,与今本正同,别有《阴阳说》而无《彖》《象》《文言》《系辞》"。魏安釐王卒于公元前243年,知《象传》成书年代相对晚近,当在秦汉之际。
③ 　"时"与"实"或"寔"音同义通,《尚书·无逸》"时旧劳于外",汉末徐干《中论》引作"实旧劳于外",江声《尚书集注音疏》:"时或为寔",即其证。"时"即"情实",犹今所谓"本质"。"革之时,大矣哉",即:这"革"的意义,是多么伟大啊!

杀"的性质问题，并没有形成一锤定音的思想权威，因而直到西汉，仍然再起争端。据《史记·儒林列传》所载，在汉景帝的朝堂上，曾经出现过这样一个惊心动魄的场面：

> 清河王太傅辕固生者，齐人也。以治《诗》，孝景时为博士。与黄生争论景帝前。黄生曰："汤武非受命，乃弑也。"辕固生曰："不然。夫桀纣虐乱，天下之心皆归汤武，汤武与天下之心而诛桀纣，桀纣之民不为之使而归汤武，汤武不得已而立，非受命为何？"黄生曰："冠虽敝，必加于首；履虽新，必关于足。何者？上下之分也。今桀纣虽失道，然君上也；汤武虽圣，臣下也。夫主有失行，臣下不能正言匡过以尊天子，反因过而诛之，代立践南面，非弑而何也？"辕固生曰："必若所云，是高帝代秦即天子之位，非邪？"于是景帝曰："食肉不食马肝，不为不知味；言学者无言汤武受命，不为愚。"遂罢。是后学者莫敢明受命放杀者。[1]

这个故事，今天读起来不免忍俊不禁；可在当时，却是气氛十分严肃且场面非常紧张的庙堂之争，用惊心动魄来形容，实不为过！

黄生与辕固生这两个鲠直且迂腐得可爱的读书人，出于各自的学术立场，真诚而直率地在汉景帝面前口无遮拦地发表自己的看法。他们的立论根据，即使是在当时看来，并无多少新意，也无非是重复孟子和荀卿早就说过的那些老调子，而且所谓上"冠"与下"履"的贵

---

[1]　司马迁：《史记》卷一百二十一，中华书局 1982 年版，第 3122 — 3123 页。

贱关系，也是韩非子早就使用过的文学喻象。[①] 但是最后，辕固生以攻为守，竟援引"高帝代秦即天子之位"来与"汤武受命"作类比。不言而喻，由于这一类比在无意之中涉及汉家刘氏政权的合法性，于是转瞬之间，一个超越历史时空的学术问题，立刻就变成了一个惊悚严肃且事关当下现实的政治立场问题。这一类比，因其攀扯到汉家天下的合法性问题，把朝堂上的汉景帝刘启推向了形式逻辑中"二难抉择"的尴尬境地。如果承认黄生之言在理，则"高帝代秦即天子之位"乃是"弑君"自立，汉家权力来源，至少在当时看来便失去了合法性与正义性；倘若认可辕固生所言是正当的，则汉家天子地位恐有不保之虞，说不定哪天朝堂上就突然窜出一个自称是汤武第二的大臣来，随便找个借口，便以"受命"相号召，把刘氏的天子宝座毫不客气地给掀翻了！

不难想象，辕固生斯言既出，大约汉景帝当场惊出了一身冷汗，如此可怕的逻辑难题，细思极恐！而且其时在场的所有人，大抵也是口挢舌举，哑然无声，面面相觑。为了打破僵局，无奈之下，汉景帝灵机一动，只好弱弱地说："食肉不食马肝，不为不知味；言学者无言汤武受命，不为愚。"其实，他是想告诫这些读书做学问的儒生们，还是不要太迂腐，不要把自己的聪明才智毫无价值地浪费在"受命放杀"这类说不清也道不明而且没有任何意义的问题上为好！

[①]《韩非子·外储说左下》有两则"说"用到"冠"与"履"的比喻，一为赵简子曰"夫冠虽贱，头必戴之；履虽贵，足必履之"；一则为费仲曰"冠虽穿弊，必戴于头；履虽五采，必践之于地"。则黄生的说辞，其用典出于《韩非子》。据此，则黄生的学术来源，大可能"杂申韩"之法家思想，非"醇儒"也。此乃二人发生争论的根本原因。

这次朝会，当然不欢而散，大家默默退场，自是不必说。但更为重要的是，自此以后，学者们再也不敢讨论汤武"受命"为天子还是"放杀"其君的问题了。

然而，值得注意的是，"受命"还是"放杀"的问题，虽然在汉景帝的直接干预之下遭到搁置，但是黄生与辕固生各自摆出的理由以及他们争论的最后焦点，却并不完全是老调重弹，而是提出了一个更加严肃也更加尖锐的政治哲学问题。

黄生所陈述的"汤武非受命"而是"放杀其君"的理由，涉及两个方面的思想。一方面，他援引"冠敝履新"的文学用典，强调"上下之分"，这当然是着眼于政治秩序与社会稳定的说法；另一方面，他还阐述了作为臣子在关键时刻所应尽到的责任与义务。他认为，如果主上有了过失，作为臣子，应该"正言匡过"，帮助他纠正错误，而不是别有用心地"因其过而诛之"，更不应该"代立践南面"自己来做天子。如果臣子利用君上的过失，借机劫杀君主，篡位夺权，这不仅违背了臣子的责任和义务，也扰乱了政治秩序，不利于社会稳定。由此可见，黄生所阐明的理由，旨在彰显良性和谐的君臣关系，维护既有的政治秩序与社会稳定。当然，也不可否认，他选择君臣易位的关键时间节点来凸显作为臣子所应尽的责任与义务，也间接地涉及权力转移的方式问题。

然而，辕固生的说辞虽然陈旧而老套，但有所不同的是，因为他用"高帝代秦即天子之位"作类比反诘黄生，问题就变成："汉家的天下是否具有正当的法理性？"这种石破天惊的言说方式的确振聋发聩。也就是说，他是把孟子与荀卿等人已经阐述过的道理，置换成

"权力的来源及其合法性"的哲学命题，同时把武王伐纣的历史问题，转换成当下现实的权力追问。细读辕固生的说辞，这一点是不难体会的。因此，"桀纣虐乱"，"桀纣之民不为之使而归汤武"，"汤武与天下之心而诛桀纣"，这些所谓得民心者得天下，失民心者失天下的大道理，其实就是孟子之所谓"得乎丘民而为天子"（《孟子·尽心下》）的汉家翻版，同时也与荀子之所谓"天下归之之谓王，天下去之之谓亡"的说法一脉相承。而且其言说的基本逻辑路径，也并没有超出孟子所创用的"褫夺名号"法的套路。然而，由于他在黄生"冠贵履贱"及汤武"乘君之过"的一番说辞之后，提出无异于追问"汉家天下是否合法"的思考与指责，这瞬间的思想碰撞，便立刻爆发了万钧雷霆，"震惊百里"，以致那宝座上可怜的汉景帝，险些把持不住，差一点丧了"匕鬯"！

不过，从辩证的学理上说，虽然社会政治秩序的稳定与为臣的责任和义务以及君臣之间的良性关系，与权力的来源以及权力的使用，并不一定就如辕固生与黄生所想象的那样，永远存在着必然的时空交集。但是，无论是着眼于既往历史的已然与必然，还是着眼于防范当下社会不可知的未然与偶然，强调社会政治秩序的稳定，也并无不妥。而且，尤其是在"大汉初定，日不暇给"的时代，有黄生之流对于秩序的重视与呼唤，也是既不足怪亦无可厚非的。只是问题的关键在于，权力的转移方式与权力的来源途径，必然对其事后的权力使用及其社会治理的运作方式产生相当重要而且非常直接的影响。① 但不无遗憾的是，权力的

---

① 朱元璋依托白莲教起家，其夺取政权的第一件事，便是镇压白莲教，绝不是偶然。

来源途径与权力的使用方式之间所存在的这种内在必然的逻辑联系，无论是黄生还是辕固生，乃至在他们的思想先驱者孟子与荀卿那里，都没有得到应有的关注。

由此也就不难理解，正是由于没有考虑到权力的转移方式与事后的社会治理具有密切的内在逻辑联系，便导致了在武王伐纣究竟是"以下犯上"的"弑君"行为还是"顺天应人"的"革命"行动的问题上，受其割裂与孤立的思维方式所制约，不仅不容易做出相对恰如其分的价值评判，甚至也难以产生比较客观确切的事实判断。而且与之相应，无论是在汉庭，还是在后世，既然争论双方跳不出"受命"与"放杀"的思维窠臼，也就只好采取实用主义的态度以所谓"赋《诗》断章，余取所求"的方式各取所需。并且正是由于这种实用主义的态度，导致了公说公有理，婆说婆有理，从而使争论双方陷入谁也说服不了谁的僵局，由此又导向虚无主义，干脆把问题搁置起来。因此，汉景帝之所以打圆场说，"食肉不食马肝，不为不知味"，就其真实的心理动机而论，无异于说："迂腐啊，这是个多么无聊且无趣的问题！"

然而，武王克商灭纣，殷周易代鼎革，毕竟在华夏社会政治史上是一个前所未有的"大变局"，所产生的思想与社会震荡一点也不亚于推翻千年帝制的"辛亥革命"，对中国古代的思想文化所产生的巨大影响也是众所周知的。而且参伍后世某些王朝鼎革之际的政治运作，也不乏值得深刻反思的历史意义。只是我们的思维方式与研究方法，与周秦以来的老师宿儒有所不同。这不同之处就在于：既然政权的获取手段与事后的社会管控具有内在的逻辑必然性，那么周人"爕伐大商"的运作策略与其"翦商"之后的社会治理，也必定具有某种一脉相承的因果连续性，根据这个因果连续性，既可以由前者推知其后者，也可以由后者证明其前者。这样，前后相互参证，或许会有某些意想不到的惊喜。然而，由此新思路所带来的新创获，大抵也是其时孟子与荀卿们以及黄生与辕固生们做梦也想不到的。因为他们只关注事件前半截的历史事实及其在当下现实之中的意义阐释，并不关心事件后半截的历史真相及其与前半截的逻辑关联。

不过，这本小册子之所以题名为《殷周鼎革论》，并非放言高论以图哗众取宠；只是意在避免揭贴标签式的简单定性研究，从而摆脱古人之所谓"受命"与"放杀"的话语纠缠，尽量相对全面地考察殷周社会政治制度变迁的历史原因及其社会文化发展的现实脉络，力求比较贴近事实地思考周人克商之后在社会治理与民族管控方面的利弊与得失，亦即在制度设计与社会治理方面的主观意图及其客观效果。仅此而已。

职是之故，本书第一章主要叙述周人的民族情绪及其韬光养晦的政治屈辱史。第二章重点考察周人与殷人之间的政治周旋及其一朝制胜的军事密谋。第三章主要考察周人克商之后以洛邑为"天下之中"的观念与诸侯分封制产生的直接关系以及周人的文化理想。第四章进一步分析周代分封制之所以仍然保留旧有生产关系与周人的政权获得方式的内在因果联系。第五章重点叙述迅速崛起于"西土"但科学文化相对滞后的周人克商之后对于殷遗优秀人士的管控与利用以图尽快提升国家综合实力的基本史实。第六章讨论周人利用"天命哲学"从思想意识上疏导殷人的抵触情结以保障社会政治稳定的思想建设过程。由此可见，前二章主要考察与叙述周人获得政权的方式与手段，后四章主要阐明与周人获得政权的方式与手段密切相关的社会治理体系及其民族管控措施。

然而，所谓殷周鼎革，兹事体大。区区短章，实在难以缕述。限于学养与器识，其见解之卑陋，尤不免见笑于大方之家。果得海内通人不吝赐教，则幸甚之至！《诗》云："邂逅相遇，适我愿兮"，其是之谓邪？

第一章

燮伐大商：古公的迁徙与周人的远图

周武王克商二年"有疾弗豫",当年十二月崩于镐京。成王年幼,不能践阼亲政,由周公旦摄行政当国。管、蔡二叔遂散布"周公不利于孺子"的流言,操戈王室。而奄君蒲姑也乘机煽动封于殷商故地的纣王之子武庚禄父发动军事叛乱,妄图复辟。当此之时,周公一面努力争取朝中重臣召公奭的谅解与支持,一面消除重重顾虑以坚定成王平叛的决心,于是向朝廷内外广泛发布战争动员令,随即出兵讨平叛乱。周公所作的这个战争动员令,就是传世的今文《尚书》的《大诰》一文。

作为平叛动员令,《大诰》不外乎强调平叛的理由与条件。平叛条件很简单,无非两点:一是占卜得了吉兆,出师必捷;二是有十位投诚的殷人做向导与内应,稳操胜券。但"于粉宁武图功",作为平叛理由,却是周公生动比譬而反复申说的重中之重。"于粉"之"于"为动词,意即"往""去";"粉"之音义与"弥"同,意为"终结""完成"。《尚书》有时称"文王"为"宁王",[1] 则"宁武"即文王与武王的

---

[1] 清末金石文字学家吴大澂、孙诒让认为"宁王"乃"文王"之讹,今人犹有深信不疑者。然章太炎早已指出:"文王称宁王者,古人谥之与号,往往随意迭称。如汤一人,《商颂·玄鸟》称'武汤',《长发》称'武王',《殷武》称'成汤',或谥或号,必居一于此,古文'武''成'亦相似,何故不以成汤为武汤之误也。"(诸祖耿整理:《太炎先生尚书说》,中华书局 2013 年版,第 165 页)瑞典学者高本汉也说,"我们遍观一切古文字中的'文'与'宁'的材料,可以看出这两个字的相似程度,是不能构成孙氏校改这个字的条件的"(陈舜政译:《高本汉书经注释》,台北国立编译馆中华丛书编审委员会 1981 年版,第 566—567 页)。高本汉这条材料由忘年友赵铭丰君自台北"中研院"拍照通过微信发来,特此志谢。

合称。因此，"于粖宁武图功"，意思就是说：必须发兵前往扫平叛乱，最终完成文王与武王图谋与规划但尚未彻底完成的伟大事业。其中"宁武图功"之《图》，值得特别玩味，由此可一觑周人克商的某些在当时人人心领神会，在后世却未必尽知其详的往事秘辛。

"天休我宁王，兴我小邦周"，在周人心目中，地处西偏的蕞尔小邦，能够灭纣克商而抚有天下，既是上天的眷顾，也是他们忍辱含垢，历尽艰辛所开创的基业，实属来之不易。周公提醒那些从文王时代艰苦奋斗过来的年长老臣说：

> 尔惟旧人，尔丕克远省，尔知宁王若勤哉。天闷毖我成功所，予不敢不极卒宁王图事，肆予大化诱我友邦君。天棐忱，辞其考我民，予曷其不于前宁人图功攸终。天亦惟用勤毖我民若有疾，予曷敢不于前宁人攸受休毕。（《尚书·大诰》）①

意思是说：你们都是从文王时代过来的老人，你们最清楚当年的往事，文王受命作周是多么艰苦！上天既然有佑助我们完成文武大业的意愿（有投诚的殷人做内应及占卜得吉兆），我不敢不努力去最终完成文王所图谋与规划的伟大事业。眼前的叛乱与骚动，就如同上天让我们的肌体生病一样，只要我们依靠自身强大的抗病能力，扼制了疾病，消除了病灶，我们的意志与体魄也就得到了磨砺与强化。因而我们不能听任这疾病蔓延毒害我们的躯体，必须利用先人所受天命的庇佑去扼制

---

① 本文所引《尚书》的句读及其释义，皆据拙著《尚书释读》，人民文学出版社 2020 年版。下不出注。

它，把它铲除干净！最后，周公以立基作室与开荒种地为喻，总结平定叛乱的现实意义与历史意义说：近来我痛苦地反复思考平叛的理由，觉得就像造屋耕田一样，父辈把地基都打好了，儿子却不愿在上面筑台构屋；父辈开垦了荒地，儿子连播种都不愿意，就更谈不上勤劳地收割了；所以一定要在我的有生之年完成文王所接受于上天的伟大使命（"肆予曷敢不越卬敉宁王大命"）！

由此可见，"于敉宁武图功""极卒宁王图事""敉宁王大命"，就是坚决粉碎殷遗余孽企图卷土重来的痴心妄想，彻底完成文武图谋"翦商"的伟业。

然而，据《鲁颂·闷宫》"后稷之孙，实维大王，居岐之阳，实始翦商"，则周人图谋"翦商"的远略，早在古公亶父的时代就确定下来了。《大雅·绵》叙述太王将周人部落的大本营从公刘所居的豳地迁徙"至于岐下"，占据了位于泾渭河谷的"岐山之阳"这片肥沃的土地。于是大兴土木，建筑了城郭与宫殿，建造了具有国家宗教性质的神庙与宗社，[①] 在政治体制上也建立了不同于殷商官制的职官系统。嗣土、嗣马、嗣工这些常见于西周金文且具有分曹治事、职责明确之显著特点的职官系统，也早在古公亶父的时代便初具规模了。[②] 可以说，古公亶父的时代，周人已然具有国家性质的公权设施及其管理体制，从而大有与"天邑商"分庭抗礼之势。但他们也深知其实力不足以与殷商相抗衡，因而"肆不殄厥愠，亦不陨厥问"，只是把力量用来翦灭西边的混夷以

---

① 陕西岐山凤雏村以及扶风召陈村分别发现周初大型建筑遗址，论者认为，"凤雏村的早周遗址，应可反映太王、王季时代大型建筑的情形"，参见许倬云：《西周史》，生活·读书·新知三联书店1994年版，第56页。

② 参见许倬云：《西周史》，生活·读书·新知三联书店1994年版，第65页。

巩固后方。其实这不过是周人的韬晦之计，借以麻痹殷人警惕的神经。朱熹《诗集传》解释《周颂·酌》"于铄王师，遵养时晦。时纯熙矣，是用大介"说："言其初有于铄之师而不用，退自循养，与时皆晦；既纯光矣，然后一戎衣而天下大定。"[1] 据此，则韬光养晦，待时而动，一旦机会来临，便一举翦灭"天邑商"（"一戎衣"即"殪戎殷"），正是自古公亶父直到文王、武王一以贯之的既定国策与图谋。

事实上，长期以来，周人心目中也的确蕴积着一股强烈的屈辱与愤怒。殷墟第一期武丁时代的卜辞中，有多条与"周"相关的记录。近人陈梦家《殷虚卜辞综述》从各种契文拓片中搜罗了二十多片相关卜辞，其中多是命令殷属邦族"璞周"的刻辞，当然也有卜问战事结果担心被擒的记载。[2] 据唐兰所释，"璞周"之"璞"，相当于《默钟》"戣伐"、《诗·六月》"薄伐"，殷墟所存有关"璞周"的卜辞，就是武丁时代殷人征伐周人的记录。[3] 不过，研究者认为，武丁时代殷人所"璞"之周，其地望在今山西汾水下游的涑水流域，公刘所居之"豳"，字亦作"邠"，皆得名于"汾水"之"汾"。而《孟子·梁惠王下》说"太王去邠逾梁山，止于岐下"，所逾的"梁山"，就是《汉书·地理志》"夏阳，《禹贡》梁山在西北"的吕梁山。古公亶父离开晋南涑水流域之"邠"而"率西水浒，至于岐下"，当是沿着西河水滨再向西往岐山方向迁徙而至于渭水流域。据陈梦家说，"卜辞中只有武丁时代有关于征伐周的记录"，"武丁以后不见有关周的记载"，[4] 则古公亶父迁于岐山

---

[1] 朱熹：《诗集传》卷十九，上海古籍出版社1980年版，第235页。
[2] 参见陈梦家：《殷虚卜辞综述》，中华书局1988年版，第291页。
[3] 参见《唐兰全集》第六册《殷虚文字记》，上海古籍出版社2015年版，第79页。
[4] 陈梦家：《殷虚卜辞综述》，中华书局1988年版，第292页。

之阳以后，远离了殷人的视线，逃避了殷人"璞伐"的困扰；但仇恨的种子却深深地埋在周人的心里；所谓"肆不殄厥愠"，大抵是说周人部族在晋南之"邠"常遭殷人"璞伐"的宿愤与积怨永远不能消除。[①]

古公亶父迁于岐山之后，从"爕伐大商"到"肆伐大商"，周人将韬光养晦的谋略与手段运用得十分诡谲而且最终获得了成功。他们明面上忍辱负重，强颜事敌，以博取殷人的荣宠与青睐；暗地里却趁机壮大力量，扩大地盘，不断寻找"翦商"的机会。只要我们将《古本竹书纪年》《后汉书·西羌传》以及周原甲骨卜辞的相关记载与《大雅·大明》一诗的相关叙述综合比勘，则周人的韬晦之计与克商图谋，不过是同一枚硬币的两个不同面相而已。为方便讨论，兹将不同来源的相关材料胪列于下：

其一，《后汉书·西羌传》的相关记载：

> 及武乙暴虐，犬戎寇边，周古公逾梁山而避于岐下。及子季历，遂伐西落鬼戎。太丁之时，季历复伐燕京之戎，戎人大败周师。后二年，周人克余无之戎，于是太丁命季历为牧师。自是之后，更伐始呼、翳徒之戎，皆克之。及文王为西伯，西有昆夷之患，北有猃狁之难，遂攘戎狄而戍之，莫不宾服。乃率西戎，征殷之叛国以事纣。[②]

---

① 毛、郑以来经师释《绵》诗皆不了，近人黄焯曰："'肆不殄厥愠'者，犹班孟坚《封燕然山铭》所称'上以摅高文之宿愤'也。'亦不陨厥问'者，犹云'下以振大汉之天声'也。"黄耀老以"宿愤"释此诗之"愠"字，颇合周人当时情势，可谓巨眼卓识，实为不刊之论。见黄焯：《毛诗郑笺平议》，上海古籍出版社1985年版，第305页。
② 范晔：《后汉书》卷八十七，中华书局1965年版，第2870—2871页。

由于西晋太康年间于汲郡魏襄王墓中出土了《古本竹书纪年》，因而范史记先周史实不仅详于《史记》，且比《周本纪》所述可靠。

其二，《古本竹书纪年》及其相关异文：

武乙

三十四年，周王季历来朝，武乙赐地三十里，玉十瑴，马八匹。

三十五年，周王季伐西落鬼戎，俘二十翟王。

大丁

二年，周人伐燕京之戎，周人大败。（《通鉴外纪》二"周人"作"周公季"。）

四年，周人伐余无之戎，克之，周王季命为殷牧师。（《文选·典引》注引"武乙即位，周王季命为殷牧师"，《孔丛子·居卫篇》："殷王帝乙之时，王季以功，九命作伯"。）

七年，周人伐始呼之戎，克之。

十一年，周人伐翳徒之戎，捷其三大夫。

文丁杀季历。（《北堂书钞》标目为"杀季历"，下作"《纪年》云'文丁杀周王云云'"，则原文当为"文丁杀周王季历"。）

帝乙

二年，周人伐商。[1]

"文丁"亦即"太丁"，《纪年》所列世次为商末四代殷王：武乙、太

---

① 范祥雍：《古本竹书纪年辑校订补》，上海古籍出版社2011年版，第25—27页。

丁、帝乙、帝辛。帝辛即殷之末帝商纣王。可见季历与商王武乙、太丁同时,其被太丁所杀,当在太丁十一年之后。今人考定文丁在位年数为二十二年,[①]帝乙二年周人伐商,若为季历而起,则季历被杀或在文丁晚年。

其三,陕西凤雏村编号H11的窖坑所出周原甲骨卜辞的相关记录:

第一片:癸巳彝文武帝乙宗,贞,王其卲祭成唐,鼎祝示及二女。其彝血牡三豚三,叀有足。(H11:1)

第七片:贞:王其辇佑太甲,曹周方伯口,叀足丕左于受有佑。(H11:84)

第四十片:……文武……王其卲帝……天……典曹周方伯,叀足亡尢口……王受有佑。(H11:82)[②]

周原甲骨卜辞的隶定及其释义,学者意见颇有分歧。但其中所透露的两个重要信息,当是学者所能普遍接受的:第一,卜辞中,册命"周方伯"与殷王"文武帝乙"以及殷之先祖太甲出现在同一条卜辞,说明周人接受了殷王的册命,成为殷的属国。第二,据第一片(H11:1)"彝文武帝乙宗",知第四十片(H11:82)"文武……王其卲帝"之"文武",也应是"文武帝乙宗",则册命"周方伯"的地点当是在"文武帝乙"的宗庙,因而其册命者为帝乙之子帝辛,即商纣王,其受册命者当是周文王或者周武王亦无可疑。

---

① 常玉芝:《商代周祭制度》,线装书局2009年版,第405页。
② 周原甲骨的编号,采用王宇信《西周甲骨探论》第二篇《西周甲骨汇释》所编之序号,中国社会科学出版社1984年版,第40—41、56—57、93页。

其四，《大雅·大明》所述王季与文王的婚配之事：

> ……挚仲氏任，自彼殷商，来嫁于周……乃及王季，维德之行。大任有身，生此文王……大邦有子，伣天之妹。文定厥祥，亲迎于渭，造舟为梁，不显其光。有命自天，命此文王。于周于京，缵女维莘，长子维行，笃生武王。保右命尔，燮伐大商。

据《诗》所述，则王季之妻为殷商属国任姓之女，文王之妻更是商纣王之父帝乙的妹妹。近人顾颉刚说，《周易》之《泰卦》与《归妹》有两条"帝乙归妹"的爻辞，说的就是此诗"文王亲迎于渭"的故事。[1] 则文王的母亲及其配偶，都是来自殷人属国之女乃至殷王帝乙的妹妹。武王的生母，当是殷之莘姓属国之女，或是殷人作为"帝乙归妹"的媵妾而配送的。[2] 这种结"两姓之好"的方式，说是周人攀附殷商大国的政治联姻，当是无可置疑的。

上述四种不同来源的材料，孤立地看待任何一种，都不免片面而支离，并不能形成实质性的结论。如果整体综合地加以考察，便必然产生以下几个不难印证的推测：

第一，周人为取得殷人的信任，主动请为殷的属国。由"赐地"之举，可见季历是第一次"来朝"；而"赐地三十里"，对于时至文王

---

[1] 顾颉刚：《周易卦爻辞中的故事》，见顾颉刚主编：《古史辨》第三册，上海古籍出版社1982年版，第11－15页。

[2] 傅斯年：《新获卜辞写本后记跋》，欧阳哲生主编：《傅斯年全集》第三卷，湖南教育出版社2003年版，第136页。

尚且仅有"百里之地"的周人来说，[1] 当是一笔不菲的财富。且周人既为殷的属国，才有《大明》诗所述王季与文王两代的政治联姻。这也是殷王武丁之后的卜辞之所以再也不见"璞周"记录的另一个重要原因。

第二，周人不惜代价，拼命为殷王朝克灭周边戎种部落，以保卫殷邦边境的安全，表面是结欢讨好殷人，实际是为了扩大自己的地盘，壮大自己的力量。但王季因连连得势不免忘乎所以而野心有所外露，终于引起殷人的警觉，于是殷王文丁便借故囚杀了王季。[2]

第三，"周王季命为殷牧师"，或"王季以功，九命作伯"，则"西伯"之称，当自王季之时即有之。《史记·周本纪》说"公季卒，子昌立，是为西伯，西伯曰文王"，太史公未见《竹书纪年》，故述之如此。事实上，周文王一方面是自行袭用了其父王季历的"牧师"封号，另一方面也是通过了商纣王的"册命"仪式予以承认。周原甲骨所记商纣王册命文王为"周方白"，与西周金文中常见的"更（赓）乃祖考作某事"亦即由王朝正式确认其人从其父祖世袭而来的固有爵位与官职并无二致。至于太史公说，商纣王"赐之弓矢斧钺，使西伯得征伐"，也不过是效法其先祖武乙、太丁之故伎，令周人洒血捐躯"征殷之叛国"而已。当然，周文王也乐得行其父之所行，正可以打着"征殷之叛国"的旗号明火执仗地别有所图了。《诗·大雅·皇矣》之"密人不恭，敢距大邦"，[3]《诗·大雅·文王有声》之"既伐于（邘）崇，作邑于丰"，今

---

① 《孟子·公孙丑上》："文王犹方百里起"，"文王以百里"，即是其证。
② 《吕氏春秋·首时》说"王季历困而死，文王苦之"，杨宽据此推测：周王季历可能是被文丁囚禁而后害死的。见杨宽：《西周史》，上海人民出版社1999年版，第69页。
③ 诗人号周为"大邦"，不过当世之谀词。王季、文王之世，"大邦"皆指"天邑商"。然此所谓"大邦"如确系当时周人自指，则也不过是"拉大旗作虎皮"，借"天邑商"而自指，以吓唬周边弱小部落而已。

文《尚书》之"西伯戡黎"，大抵都是以责其"敢距大邦"为托辞而"征殷之叛国"以行攻城略地之实，然后无所顾忌地据为己有。《左传》襄公四年载韩献子说"文王帅殷之叛国以事纣，唯知时也"，可谓将殷周之间的微妙关系一语道破！周文王既为商王朝征服了叛国，又将他们聚集在自己的麾下以听命。于是表面上叛国咸服，风平浪静；实则暗流涌动，待时而发，殷人之国势已岌岌可危矣！而《论语·泰伯》载孔子赞扬文王"三分天下有其二，以服事殷"，不过是被胜利了的周人长期洗脑的说法而已。

第四，文丁杀季历，文王继位之初，有所冲动，帝乙二年，为报父仇而伐商。此次伐商之详情如何，史文阙载。《史记·周本纪》说，"崇侯虎谮西伯于殷纣"，"帝纣乃囚西伯于羑里"，这也许是周人"为尊者讳"的说辞，其真相大可能是因为伐商的轻举而被殷人所俘。但据商代的周祭制度排算，帝乙在位年数应在二十二年以上。[1]如果文王于帝乙初年即被俘囚禁，直到帝辛之时获释，则被囚可长达二十余年之久，那么"帝乙归妹"而文王"亲迎"，也就无从说起了。因此，文王何时被囚，何时被释，何时与殷人结两姓之好，一概不得而知。但史载在文王被囚期间，周邦闳夭之徒"乃求有莘氏美女，骊戎之文马"以及"他奇怪物，因殷嬖臣费仲而献之纣"而后文王得脱其厄，应当是事实。《吕氏春秋·首时》说："王季历困而死，文王苦之，有（又）不忘羑里之丑，时未可也。"因此，在实力尚不足以与殷商大邦相抗的情

---

① 常玉芝说，复原帝乙祀谱的材料只到二十二祀，但帝乙二十二祀的祀序与帝辛一祀的祀序不能密接，根据周祭祀谱定帝乙在位二十五年。见常玉芝：《商代周祭制度》，线装书局2009年版，第406页。

势下，不得不卑躬隐忍，以屈求伸，贿赂求和，自在常理之中。唯恐周人所用以贿赂殷人者，当不仅仅是"美女""文马"及"他奇怪物"而已，或者还有"割地输诚"之类的"秘密条约"，亦未可知。[①] 只是其时周人亦如汉人之于高祖脱于平城白登之围一样，也是讳莫如深而不肯"揭秘"罢了。[②]

第五，周人伐商受挫之后，继续奉行古公与王季以来韬光养晦的国策，并且将这种卑躬屈膝、强颜事敌的把戏演绎得更加淋漓尽致，几至不问廉耻。上引周原甲骨的材料，都是周之文武时期的相关记录。有学者认为，这些祭祀成汤与太甲的活动，都是在周人所建的殷人宗庙里举行的，[③] 或者不无道理。《吕氏春秋·顺民》："文王处岐事纣，冤侮雅逊，朝夕必时，上贡必适，祭祀必敬，纣喜。"所谓"祭祀必敬"，当是指祭祀殷人之先祖宗庙非常恭敬因而投商纣王之所"喜"。《吕览》之说，可与上述周原甲骨材料互相参证。然亦有学者以"鬼神非其族类，不歆其祀"为理由，以为周原这些卜骨所记都是商王在本族宗庙中举行的祭祀活动，[④] 无疑是以周人宗法制度确立之后的观念来规范周

---

① 《史记·周本纪》："西伯乃献洛西之地，以请纣去炮格之刑，纣许之。"据此，则"献地"实有其事，只不过其动机被涂上了一层正义的油彩。

② 《左传》襄公三十一年载北宫文子曰"纣囚文王七年，诸侯皆从之囚。纣于是乎惧而归之"，据孔颖达引伏生《尚书大传》及郑玄《尚书注》，又以为因"四友献宝"而纣囚文王"不盈一年"。然《左氏》云"诸侯皆从之囚"，必不可信。而经师谓"不盈一年"之说，也未必是实。见孔颖达：《春秋左传正义》卷四十，中华书局 2009 年影印阮元校刻《十三经注疏》本，第 4378 页。

③ 徐中舒说，"此周原文武帝乙宗乃文王所立以崇祀殷先王，示为殷之属国"，缪文远说，"周人遂在其国内立庙，祀殷先王"。徐氏、缪氏之说，皆见《古文字研究论文集》（《四川大学学报丛刊》第十辑），1982 年 5 月。

④ 李学勤、王宇信：《周原卜辞选释》，《古文字研究》1982 年第 4 辑。

人发迹之前的道德操守，未必可靠。[①]更何况政治斗争往往不择手段，政治人物也无所谓廉耻；学者以道德操守衡量政治行为，也未免过于善良。[②]果如其说，则《国语·鲁语上》说"商人禘喾而祖契，郊冥而宗汤。周人禘喾而郊稷，祖文王而宗武王"，所谓殷周同以帝喾为禘祭之神且出自周鲁人士之口，[③]便大为费解。究其实，这不过是周人在特定历史时期"冤侮雅逊"以取媚于殷商大邦的权宜之计而已；只是周邦后人不察其先世屈辱的苦衷，竟然信以为真罢了！是谓数典以忘祖，可发一叹！

以上几点推测，第令不中，当亦不远。要之，正如旅美华人学者许倬云所说：商王国包有中原广阔的领土，从商代遗址来看，东到海，北到河北藁城，南到湖北黄陂的盘龙城，地广大而人众多，周人不过占了泾渭流域的狭窄谷地。且周族人口即使经过王季、文王两代的休养生息，总人口绝对不会十分众多，无从与商王国的人口比高低。武器方面，商人已有两马或四马拖拉的直辕双轮战车，每车三名武士，配备的武器，有远程射击的弓箭，两车相错时可用戈矛之类长柄武器，近身搏斗则可用短兵。周人的兵种及武器与商人所具也无十分显著的差别。然周人以蕞尔小邦而克商灭纣，既不能由社会经济状况得其理由，也不能从军事力量上判其优劣，只能由战略的运用以寻求解释了。[④]许氏所

---

① 杨宽说，"把周原甲骨上的'王'解释成商王，甚至说这批甲骨是殷商末年掌占卜的卜人投奔周人时携带去的，不合情理。这批甲骨，字如粟米，笔画细如发，凿多方孔，有独特风格。记时方法和人名、官名都有周的特色，是周的卜辞是无疑的"。见杨宽：《西周史》，上海人民出版社1999年版，第70页。

② 《史记·齐世家》："西伯昌之脱羑里归，与吕尚阴谋修德以倾商政。其事多兵权与奇计，故后世之言兵及周之阴权皆宗太公为本谋。"则周人阴谋以倾商政，于史亦有征矣。

③ 徐元诰：《国语集解》，中华书局2002年版，第160页。按此为鲁大夫展禽所言，理当可信。

④ 参见许倬云：《西周史》，生活·读书·新知三联书店1994年版，第75—86页。

谓"战略的运用",也就是周公在《尚书·大诰》中反复宣称而其时人人心知肚明的"宁武图功""宁王图事"的那个"图"字。随着周原甲骨卜辞的出土及其相关研究的深入,这些遮蔽在时间大幕之后的历史真相,也就逐渐透明从而可以看得比较清楚了。

叙述至此,有必要从文字学上讨论一下《诗经·大明》之"燮伐大商"与"肆伐大商"的概念区分。

毛《传》:"燮,和也。"郑《笺》:"使协和伐殷之事。"马瑞辰《毛诗传笺通释》说:"燮与袭双声,燮伐即袭伐之假借。"① 今人又有提出"新证"者,认为"燮伐大商"是指"武力征服殷商而使殷人和顺"。② 毛、郑"协和"之说固不得经义,马氏"袭伐"之读亦未达一间。今人所谓"武力征服而和顺"之"新证",不过率尔操觚,等诸自郐而已。考《说文》:"燮,和也。从言又,炎声。读若湿。"左氏《春秋》襄公八年"获蔡公子燮",穀梁《春秋》作"公子湿"。《说文》:"湿,幽湿也。从一,覆也。覆土而有水,故湿也。从㬎省声。"既然"湿"为"㬎省声",则"湿"与"湿"音同义亦相通,然今字皆作"湿",于其字形无所征矣。许君"燮,读若湿"以及《春秋》"蔡公子燮"又作"公子湿",可证"湿""燮"乃音同通用。段玉裁注"湿"字说:"凡湿之所从生,多生于上有覆而气不泄,故从一、土、水会意。今字作湿。"③ 然则"湿"字以"幽"与"覆"而得其义,且"燮"

---

① 马瑞辰:《毛诗传笺通释》卷二十四,中华书局1989年版,第807页。
② 吴雪飞:《〈诗经·大雅·大明〉"燮伐大商"句新证》,《史学史研究》2013年第4期。
③ 段玉裁:《说文解字注》,上海古籍出版社1988年版,第559—560页。

字与之音同义通，则所谓"燮伐大商"，意即"在私底下隐秘地暗行伐商之事"耳。①

至于"肆伐大商"，则与"燮伐大商"相对为义。毛《传》："肆，疾也。"郑《笺》："肆，故今也。"马瑞辰《毛诗传笺通释》引《尔雅·释言》"肆，力也"之训说："此诗'肆伐'与《皇矣》'是伐是肆'同义，皆言用兵之疾力。"又说："'燮伐'与'肆伐'义相成，袭伐言其密，肆伐言其疾也。"②马氏"密""疾"之说，仍然隔靴搔痒，不着是处。且"偷袭"之"密"，与"密谋"之"密"，究竟不是同一个概念。其实，"肆"训"陈列"，尤其具有"杀而陈尸"之意。③《礼记·檀弓下》"则将肆诸市朝"，郑玄注："肆，陈尸也。"陆德明《经典释文》："肆，杀三日陈尸。"④《论语·宪问》"吾力犹能肆之市朝"，何晏《论语集解》引郑玄注："有罪既刑，陈其尸曰肆也。"皇侃《论语集解义疏》："杀而犹陈曝其尸，以示百姓曰肆也。"⑤则"肆"之训"陈"者，犹《国语·鲁语上》臧文仲所谓"大刑用甲兵"，"故大者陈

① 据《史记·周本纪》载，季历之二兄太伯与虞仲"亡如荆蛮"而"君于吴"之事，论者亦以为乃古公亶父"燮伐大商"之图谋与布局，前人言之甚详，兹可不赘。参见徐中舒：《殷周之际史迹之检讨》，《徐中舒历史论文选辑》，中华书局1998年版，第658—662页。

② 马瑞辰：《毛诗传笺通释》卷二十四，中华书局1989年版，第811页。

③ 《逸周书·克殷解》说，商纣王自焚于王宫之后，武王驱车入王所，射三箭而后下车，"击之以轻吕，斩之以黄钺"，悬其头颅于太白之旗；"适二女之所"，其妃嫔二女已自缢而死，武王斩二女之头，悬之于小白之旗。此即践行"杀而陈尸"之意，以示"肆伐"之终结。则"肆伐"者，陈军攻伐，斩其首颅而示于众也。

④ 孔颖达：《礼记正义》卷十，中华书局2009年影印阮元校刻《十三经注疏》本，第2840页。

⑤ 皇侃：《论语集解义疏》卷七，《诸子集成新编》第一册，四川人民出版社1998年版，第209页。

之原野"之"陈"，韦昭注："被甲聚兵而诛之，若今陈军也。"① 是所谓"肆伐大商"者，既是"奉辞伐罪"，亦是"被甲聚兵于原野"，公然讨伐大商也。因此《诗·大雅·大明》先言"燮伐大商"而后言"肆伐大商"，正是勾勒了周人从古公亶父"肆不殄厥愠"而"实始翦商"亦即私下密谋东进"翦商"到周武王陈兵牧野公然誓师"翦商"的漫长历史进程。

由此可见，《诗》之所谓"燮伐大商"与"肆伐大商"者，其用语十分精确。

---

① 徐元诰：《国语集解》，中华书局 2002 年版，第 152 页。

第二章

时维鹰扬：

商纣为黎之蒐与武王牧野之战

商纣王"赦西伯，赐之弓矢斧钺，使西伯得征伐"，然周人以此为契机，却在西土庶邦之间大造了一番声势。《尚书·酒诰》说："乃穆考文王肇国在西土，厥诰毖庶邦庶士越少正御事，朝夕曰祀兹酒。惟天降命，肇我民惟元祀。"第一，周人将商纣王对西伯的"军事任命"提升到"惟天降命"的高度加以理解与阐发，从哲学上赋予其思想内涵，为翦商灭纣的私下图谋制造理论依据。第二，把"受命"作为国家创建的重大标志性事件，称"受命"之年为"元祀"以"肇国在西土"，通过"改元更始"的政治行为从操作实践上赋予其价值内涵，以造成强大的舆论声势。第三，向西土全体官民颁行"禁酒令"，试图通过"与民立极"的道德建设在人伦日用上刷新生活方式，以涵养不同于殷商大邦嗜酒恶俗的社会风气。第四，所有这些政治行为与舆论攻势，无非是向周边小大诸邦宣布：自此以往，周人将以政治清明的全新面目在"事殷"的名义下大张旗鼓地"征殷之叛国"。《史记·周本纪》说："诸侯闻之曰：西伯盖受命之君。"可见强大的舆论攻势产生了巨大的社会效应，周人从此便可以理直气壮地自行扩张了。于是：

明年，伐犬戎。明年，伐密须。明年，败耆国。殷之祖伊闻之，

惧，以告帝纣。纣曰："不有天命乎？是何能为！"明年，伐邘。明
年，伐崇侯虎。而作丰邑，自岐下而徙都丰。明年，西伯崩。

这一连串的"伐"，毫无疑问，都是在商纣王"使西伯得征伐"的
军事任命之后的攻伐行为。

据清人考证，"既伐于崇"之"于"，即《史记·周本纪》之"邘"，
字又作"盂"，其地在今河南沁阳西北二十里地的邘郜，"崇侯虎"所
在之"崇"，字亦作"嵩"，其地在今河南嵩山附近。①此二地已是直逼
殷都朝歌的夹河之处。《史记·周本纪》说"败耆国，殷之祖伊闻之，
惧，以告帝纣"，《尚书·西伯戡黎》也说"西伯既戡黎，祖伊恐，奔
告于王"，以殷人祖伊恐惧告纣而言，则"败耆"与"戡黎"当为一时
一地之事。然《今本竹书纪年》载"周师取耆"于帝辛三十四年，载
"西伯发伐黎"于帝辛四十四年，则西伯昌"败耆国"与武王发"伐
黎"，乃人地不同之二事，其时亦相隔十年之久。②陈梦家据殷墟卜辞
"旨"与"彔"之不同，而定"耆"与"黎"为不同的两个方国，认为
卜辞之"旨当是耆国"，且"旨为西吏，此西吏乃是商王国的官，因卜
辞又有旨载王事之语。旨为商王国西土的与国，所以周文王伐纣，先伐
耆"，又引清人雷学淇《竹书纪年义证》说"合黎、耆为一，非是。伐
耆乃文王事，戡黎乃武王事，《通鉴前编》尝辨之"以证其说。③陈氏

---

① 参见杨宽：《西周史》，上海人民出版社1999年版，第76—77页。
② 王国维：《今本竹书纪年疏证》卷上，辽宁教育出版社1997年版，第75、77页。常
玉芝据帝辛祀历谱，定商纣王在位年数为三十四年（见常玉芝：《商代周祭制度》，线装
书局2009年版，第406页）。今本《纪年》以为帝辛在位五十二年，显为误说。
③ 陈梦家：《殷虚卜辞综述》，中华书局1988年版，第296页。

又辨卜辞之"召"即"黎"说：

> 康丁卜辞"伐羌眔召方"，后者即黎方，在今晋南壶关一带。
>
> 武乙时代征伐召方的规模很大：（1）王自或王侯征伐；（2）出动王族与三族；（3）出动卓众。卜辞的勹或召，可能是黎国之黎。据卜辞，黎与羌方相提并伐，则两方当相为邻。乙辛卜辞记田羌，似羌方之地已渐为田猎之所。《左传》昭四"商纣为黎之蒐，东夷叛之"，此黎当是卜辞黎方之地。壶关之黎与安阳殷都隔太行山东西相望，西伯戡黎危及殷都，所以祖伊恐告于纣。综上所述，则武丁、康丁、武乙卜辞所记征伐之召方应是黎方，黎方在壶关黎亭，它是（1）卜辞所征的召方，（2）商纣为蒐的黎，（3）西伯所戡的黎。①

陈氏据《今本竹书纪年》，认为文王"败耆国"与"西伯发伐黎"，当是不同年代的两事。而"商纣为黎之蒐"，《今本竹书纪年》载之于商纣王四年，如《今本竹书纪年》可信，则诚如陈氏所言，"殷末田游之所西逾太行而至晋南"。果如此，则此时"西伯发伐黎"，也就是公然与殷商为敌，岂不与《诗·大雅·大明》"笃生武王"，"燮伐大商"，亦即武王继续奉行文王密谋伐商的既定国策相左。且综合《尚书·酒诰》《尚书·洪范》《尚书·金縢》以及《史记·周本纪》所透露的年代信息，文王实于"受命"七年而崩，崩后六年牧野大战，武王一举

---

① 陈梦家：《殷虚卜辞综述》，中华书局1988年版，第282、287页。

克商，第二年十二月武王病逝。① 而黎地既已为商王田猎区，则"伐黎"亦即"伐商"，姑不论"燮伐"之密谋公然自我泄露而与周之文武以来"于铄王师，遵养时晦。时纯熙矣，是用大介"的既定国策大不相侔；且更为重要的是，如果在牧野之战前六年以内即开始"肆伐大商"，以殷商实力之悬殊而论，则"佳甲子朝"的牧野之战恐怕既不能如此之顺利，且最终鹿死谁手也就更不得而知了。可见《今本竹书纪年》为后人臆为排纂，其记载混乱而多歧，可信度理应大打折扣。

不过，就我们的问题而论，"耆"与"黎"是否一地，无关紧要；"败耆"与"伐黎"是否一事，亦无须置辨。② 所可注意者，既然《左传》昭公四年说"商纣为黎之蒐，东夷叛之"，昭公十一年又说"纣克东夷而陨其身"，则"西伯戡黎"与"商纣为黎之蒐"之间，必然存在某种

---

① 考周原甲骨卜辞所记册命"周方伯"及《史记·周本纪》西伯受纣命而后征伐之年次，则文王当在被册命为"周方伯"之后七年而崩。《尚书·洪范》"惟十有三祀，王访于箕子"，说者皆谓武王即位仍然承用文王"惟元祀"之纪年，不为无理。"乃穆考文王肇国在西土""肇我民惟元祀"，二"肇"字皆为"开始"之意，因而对于周人来说，此事承载着尤为重大的历史意义与文化内蕴。是故文王崩，武王继立，绝不至轻易改元。"十有三祀"乃《金縢》所谓"克商二年"，则克商之年与文王崩年相距不过七个年头。近人张汝舟根据《历术甲子篇》推定克商之年为武王十二年（前1106年）二月五日甲子，十三年（前1105年）即克商二年十二月崩（张汝舟：《二毋室古代天文历法论丛》，浙江古籍出版社1987年版，第39页）。今既知武王纪年乃从周文王"惟元祀"起算，则文王"元祀"之年当为西元前1118年，而文王死于西元前1112年。又，据常玉芝说，帝辛在位三十四年，则"文王受命"之年当为商纣王二十三年。

② 2006年1月山西省黎城西关发现西周墓葬群，其中M7、M8号墓出土西周晚期青铜器数件，学者隶定其墓主为"楷侯宰中丁（考）父"夫妇，并认为"楷侯"即"黎侯"，"楷国"即西周时期的黎国，姬姓（山西省考古研究院：《山西黎城西关墓地M7、M8发掘简报》，《江汉考古》2020年第4期）。李零说，"黎侯，古书多作耆侯。楷与耆都是群母脂部字，可以通假。楷侯就是耆侯"（李零：《西伯戡黎的再认识——读清华楚简〈耆夜〉》，见陈致主编：《简帛·经典·古史》，上海古籍出版社2013年版，第120页）。

性质的关系；而"东夷叛之"与"纣克东夷而陨其身"，亦当有某种程度的相关性。也就是说，周武王的"牧野之战"与商纣王的"为黎之蒐"，其间必有某种连锁性的因果关联。

近人徐中舒说，"就朝歌方位言之。黎与东夷，一在西北，一在东南，壤地渺不相涉。商纣为黎之蒐，何至引起东夷之叛？疑此时周人势力已远及江、汉以东，如陈、如吴，皆是。盖商人治兵于黎即所以防周，故周人即嗾使东夷叛之，以为牵制之师。其后纣克东夷，周人即乘之以戡黎，卒以灭商。故《左氏》以商之覆亡，系于东夷之克者，其关系当不外此"。①

推究徐氏之说，当有几点值得注意：其一，商纣王为黎之蒐，是治兵于黎所以防周。这当然是以殷周双方乃仇雠敌对之国为思想前提的。其二，周人嗾使东夷叛殷，对殷人形成东西夹击之势。这又是以周与东夷已经结成牢固的攻守同盟为思想前提的。其三，周人势力已远及江、汉以东，又与东夷成盟，因而对殷人已然形成包围之势。这是将周人"三分天下有其二"的洗脑说法信以为真。其四，商纣为黎之蒐在前，而东夷之叛在后，周人乘之以戡黎又在其后，且因戡黎而卒以灭商。这是误信《今本竹书纪年》分别排纂"大蒐于黎"与"西伯发伐黎"于帝辛四年与帝辛四十四年的结果。

显然，徐氏这些想法，都是难以成立的。第一，牧野大战之前，自季历以降，周人与殷商长期保持着属国关系，其间虽然小有摩擦，但总以甥舅同盟为主流。因此，"治兵于黎以防周"之说无据。从《西伯

---

① 徐中舒：《殷周之际史迹之检讨》，《徐中舒历史论文选辑》，中华书局1998年版，第680—681页。

戡黎》之商纣王回答祖伊"我生不有命在天！"或"不有天命乎？是何能为！"的说法来看，其时商纣王不仅仍有"天命在己"的自信，对周人也并无防范之心。从殷周的主属与甥舅关系以及其时殷人的综合国力而论，商王这种自信与信周也并非是盲目的。第二，据《逸周书·世俘解》所载，武王克商之后，同时分四路大军南下，克伐旧时殷商属国，可见江、汉以东一带，克商之前并非为周人所有。[1]虽然吴为太伯、虞仲之国，但有淮夷侧于其间，亦不能与周人形成犄角之势，因而"句吴这一着闲棋"，在武王克商过程中不能发挥任何作用。[2]第三，从《小臣䜌簋》以及《旅鼎》等西周早期铜器铭文与周人克商以后东夷及淮夷、徐戎屡屡"大反"的历史事实来看，周人的劲敌在东南而不在西北，与殷人之劲敌在西北而不在东南恰为相反。[3]

不过，徐氏从"阴谋论"的视域，[4]疑心商纣王"为黎之蒐"与周武王"牧野之战"之间具有某种因果关联，就周人"燮伐大商"的既定国策而言，并非全无道理。只是我们的思考路径与徐氏有所不同而已。

根据上引陈梦家有关黎方的卜辞材料来看，直到武乙时代黎方仍然是殷商的劲敌。商人征伐黎方的军事规模甚为浩大，出动的军队有

---

[1]　周人克商之后的南下进军路线，参见杨宽：《西周史》，上海人民出版社1999年版，第98—100页。

[2]　参见许倬云：《西周史》，生活·读书·新知三联书店1994年版，第88页。

[3]　郭沫若说："殷人南方无劲敌，与周人之屡与'南夷'构兵者适相反。盖世与周为寇雠之'南夷'，在殷则是之同盟也。殷亡之后，淮徐均相继叛殷乱，即其证。"见郭沫若：《卜辞通纂》，《郭沫若全集·考古编》第二卷，科学出版社1983年版，第454页。

[4]　徐氏说："周以新造之邦，牧野之役一战胜殷，如非倖致，则此东夷之役，除解为周人经营江、汉流域及吴、陈之结果以外，实无其他适当之解释。先秦以来兵法权谋之家，及《六韬》《阴符》多传太公阴谋，据此论之，或非虚言。"见徐中舒：《殷周之际史迹之检讨》，《徐中舒历史论文选辑》，中华书局1998年版，第682页。

"王族"乃至"三族"还有"辜众"，所担任征伐的将帅，也是"王侯"乃至由殷王亲自披挂出征。可见殷人征伐黎方所出动的将帅及其兵力，就当时的兵制而言，大有摇动国本之势。①但到帝乙、帝辛之时，黎方却成了商王的田猎区。由于帝乙卜辞与帝辛卜辞难以准确断代，因而黎方究竟在何时被征服而沦为殷人的田猎区，已不得而知。但无论"败耆"与"戡黎"是否同时同地之同一事，有一点却是可以肯定的，那就是：黎方之被征服，只能发生在文王"受命"而后到武王克商之前的十二年之间。要之，总在商纣王之世，当是无可怀疑的。②而且殷人征伐黎方，之所以如此艰难以致需要倾动举国之师，大抵是因为殷人征伐黎方必须越过太行山脉而西征，其翻山越岭，人马劳顿，可想而知。即使可以平地迂回，亦不能改变其仰攻之势，是以劳师袭远，也实难克奏其功。但如果是周人攻伐黎方，可以太王迁岐之前涑汾流域的周人故地之"邘"为依托，从西边直接进攻，没有太行山脉的障碍，无论其辎重

---

① 丁山说，商代的军制，在武丁时代尚以师为单位，有左中右三师，每师百人，相当于周代的"百人为卒"，决不如后儒所臆测的庞大。此外，另有马队三师，亦每师为百人。合马步各三师共为六师（参见丁山：《甲骨文所见氏族及其制度》，中华书局1988年版，第61—62页）。武乙时代之"王族"与"三族"或相当于武丁时代的"右中左"三师；如马队"左右中"三师亦计入"王族"或"三族"之内，则其时已是倾举国之师而征伐黎方了。

② 清华大学藏战国竹简《耆夜》共有十四支，其间有四支断折，文字残缺。李学勤说，"简文记述周武王八年伐耆，即《尚书·西伯戡黎》的黎国，得胜凯旋，于文王宗庙举行庆功的'饮至'典礼。参加这次礼仪的，除了武王外，有毕公、召公、周公、辛甲、作册逸（史佚）、吕上（尚）父（太公）等。饮酒间武王作诗，致毕公的名《乐乐旨酒》，致周公的名《輶乘》；随之周公作诗，致毕公的名《英英》，致武王的名《明明上帝》"（见李学勤：《初识清华简》，中西书局2013年版，第127页）。其以"伐耆"为"戡黎"，就周人如此兴奋而论，似可信。以"伐耆"为武王八年，顺数之即文王崩后第二年，逆数之为牧野之战前第四年，抑或可信。清华简的来历如果没有问题的话，《耆夜》可与本文所论相互参证者，非仅一端也。

盘缠及其征伐难度，自然要比殷人征伐黎方小易多多。因此，殷人得有黎方而使之为田猎区，应该是得益于周人的攻伐之劳。而《今本竹书纪年》排"大蒐于黎"于商纣王四年，又排"武王发伐黎"于商纣王四十四年，不仅其间相距四十年之久，与商纣王三十四年的实际在位年数不合；也与文王"受命"到武王克商仅十二年之实际时长全然不能相侔，而且更为重要的是，还可能完全颠倒了"武王发伐黎"与"商纣为黎之蒐"的先后次序，显然是不可信据的。

考古人之所谓"蒐"，其见诸载籍者：《左传》隐公五年"春蒐"，《国语·齐语》"春以蒐振旅"，韦昭注："春田为蒐。"《公羊传》与《穀梁传》于桓公四年皆言"秋曰蒐"。《礼记·王制》"则岁三田"，孔颖达《正义》："春秋四时田猎皆曰蒐。"可见"蒐"就是田猎，四时皆可行，但仅是"蒐"这一概念所涉及的外延。而《国语·齐语》"春以蒐振旅"之"振旅"，才是"蒐"之概念的真正内涵。因而所谓"蒐"，就是战争结束之后所进行的一种准军事性行为，其目的有三：

一是以狩猎活动庆祝战争胜利，既为获禽聚饮，亦为纵情逸乐，二者皆为解除战斗的紧张与疲劳。陈梦家说，"卜辞中的渔猎是时王的逸乐，不是生产活动。当时打猎的方式是车攻，犬逐，焚山，矢射，布网，设阱等等"，[1] 因卜辞不同于后世叙事之文，事件的前因后果不可能交代明白，因而不能肯定殷人田猎仅仅就是纯粹与军事无关的娱乐活动。

二是检阅车徒，挑选精壮，补给卒乘。《左传》成公十六年"蒐乘补卒"，哀公十一年"退而蒐乘"，皆是其事。

---

[1]　陈梦家：《殷虚卜辞综述》，中华书局1988年版，第637页。

三是训练士卒，熟悉军礼。如《国语·晋语四》"民未知礼，盍大蒐乎"，韦昭注："蒐，所以明尊卑，顺少长，习威仪。"即是其事。根据"蒐"的概念内涵，不难推知商纣王"为黎之蒐"的真实意图。

准此，我们认为，"商纣为黎之蒐"是"武王发伐黎"或"西伯戡黎"之后带有军事庆功性质的后续活动。[①]如前所述，文王既可袭用王季的封号为西伯，武王同样也可以在文王死后继续被商纣王册命为"周方伯"以"更乃祖考季罖昌事"，则《尚书》"戡黎"的"西伯"大可能就是《今本竹书纪年》所谓"伐黎"的"武王发"，两者之间并不存在矛盾，[②]清华大学所藏战国竹简《耆夜》说"武王八年征伐耆，大戡之，还，乃饮至于文大室"，亦可作为旁证。周武王正是因了东向的地利之便从而替商人攻克了黎方，终于拔掉了自武丁以来几代商王屡征不克的眼中钉与肉中刺，这对于商纣王自度的帝业而言，又是何等的辉煌！因此，在"西伯戡黎"之后，殷人举行了盛大的胜利狂欢，也未始不可能。而用《今本竹书纪年》的话说，就是"大蒐于黎"！

至于商纣王"大蒐于黎"，何以导致"东夷之叛"，这确乎是殷周史上的千古之谜。既无传世文献可征，亦无地下材料可据，其详情一概不得而知。但古今之史，在一定程度上总会于某种特定时空出现某些惊人的相似。根据《左传》昭公四年楚人夫椒举讽谏楚灵王的历史事实及

---

① 《耆夜》既有"王夜爵酬毕公""夜爵酬周公""周公夜爵酬毕公""周公又夜爵酬王"等君臣相互酬酢饮酒之乐，亦有相互赠答酬唱之举，可见周人庆祝伐黎胜利的兴奋之情。商纣王既得周人之力而攻克了黎方，亦当举行"大蒐"之礼以为庆，也自在情理之中。

② 周原甲骨卜辞有关"周方伯"的册命地点在"文武帝乙宗"，其受册命者大可能是周武王而非周文王。因周文王的册命仪式不应延至帝辛之时才举行，当早在"帝乙"之时业已受册，否则"帝乙归妹"亦无从说起。只是殷墟卜辞中一无消息。

其上下语境，通过类比思维，不难得出某种接近于事实的逻辑推论。此所谓事无所证，当求之迹；迹有不明，当度诸理也。

椒举的谏辞，是将"商纣为黎之蒐，东夷叛之"与"夏桀为仍之会，有缗叛之"以及"周幽为大室之盟，戎狄叛之"等有关史事相提并论的。从所开列的这些因盟会与大蒐而生反叛的历史事象中，椒举总结了一条历史的因果律："皆示诸侯侈也，诸侯所以弃命也"。当然，这也是针对楚灵王"示诸侯侈"的愚蠢行为所作的讽谏之辞。所谓"侈汰"，即今语"过分张扬"之意。考楚灵王即公子围，乃楚共王庶子，弑其君兄楚康王之子麇（即郏敖）而抢夺了王位。其人志得意满，不免骄慢奢汰，上位之初，即强邀中原十四个国家的君主以及淮夷诸酋会于申（今河南唐河县西北）以耀武于诸侯。由于楚灵王上位之前即见恶于诸侯，此次会盟，"曹、邾辞以难，（鲁）公辞以时祭，卫侯辞以疾"，皆借故不来参会。而郑伯也是事先强留于楚而只好被迫"先待于申"。且在盟会期间，"宋大子佐后至"，楚灵王傲慢无礼，"田于武城久而弗见"；又因徐子为"吴出"，疑其有贰心，将徐子就地拘押。这就是楚灵王所以"皆示诸侯汰也"之具体事实，亦即椒举所谓"诸侯所以弃命也"之根本原因。[①]

由楚灵王之所为与椒举之所讽，我们不难设想：

第一，商纣王"大蒐于黎"的田猎活动，规模盛大，人徒孔殷，

---

① 《韩非子·十过》说申之会，谓谏楚灵王者为中射士："昔者，楚灵王为申之会，宋太子后至，执而囚之，狎徐君，拘齐庆封。中射士谏曰：'合诸侯不可无礼，此存亡之机也。昔桀为有戎之会而有缗叛之，纣为黎丘之蒐而戎、狄叛之，由无礼也。君其图之！'君不听，遂行其意。"（见王先慎：《韩非子集解》卷第三，中华书局1998年版，第61—62页）可与左氏互证。然《左传》载"拘齐庆封"之事乃楚灵王伐吴之后"执齐庆封而尽灭其族"，与申之会无涉，当是韩非误记。

自不必说。而且也一定邀请了殷属所有同盟方国前来参与会猎，借庆祝武丁以来几代商王梦寐以求的历史性伟大胜利以扬威于小大诸邦。且如郭沫若所推断，其时地处淮徐的东夷之人既为殷人的同盟，被商纣王列名邀请前来参加"大蒐"之礼，自在情理之中。

第二，由于商纣王新得历代久攻不下的黎方，又以周邦与殷人为"两姓之好"的甥舅关系，不免被周人的殷勤假象所迷惑，也被眼前虚幻的胜利冲昏了头脑，丧失了判断力，因而不免对周人表现出格外的亲近，也对那些较疏远的方国有所怠慢，甚至可能或多或少地表现出某些轻蔑与无礼，以至发生了类似于楚灵王对待宋太子佐以及徐方之君的粗暴行为，也未必不可能。《左传》宣公十五年说"夫恃才与众，亡之道也。商纣由之，故灭"；《韩非子·十过》说"纣为黎丘之蒐而戎狄叛之，由无礼也"，皆可为证。

第三，由于参与"大蒐"活动之人徒众多，种落复杂，那些得胜的骄兵悍将，在田猎活动中，不免表现出目中无人的豪横作派；或者竟有周人与夷人之间为争禽而发生了某种群体性的行为冲突，乃至误伤了人命，[1] 而商纣王的处理方式因偏袒周人而激怒了东夷，从而导致了东夷之人"弃命"背盟，举兵反叛，于是开启了商人大规模征伐东夷的战事，也并非是无端的猜测。历史往往因某个偶然事件而引起大规模的

---

[1] 田猎过程中为"争禽"以致误伤人命，其明确见于载籍者，乃《春秋穀梁传》桓公六年所记"蔡人杀陈佗"一条。《传》文说："蔡人杀陈佗。陈佗者，陈君也。其曰陈佗，何也？匹夫行，故匹夫称之也。其匹夫行奈何？陈侯憙猎，淫猎于蔡，与蔡人争禽。蔡人不知其为陈君也，而杀之。"田猎而发生相互"争禽"的行为，当是司空见惯之事。因此，《周礼·小司徒》之职，其于四时田猎之期，即有"断其争禽之讼"的责任。商纣王举行"大蒐于黎"的田猎活动，各盟邦军将徒卒之间发生"争禽之讼"以至如蔡人与陈佗之"争禽"以相杀，也未必不可能。

"蝴蝶效应"从而改变了发展方向，一九一四年六月二十八日奥匈帝国的斐迪南大公在萨拉热窝被两个具有民族情绪的小愤青所刺杀，导致了第一次世界大战的爆发，从而改变了世界格局；这是发生在与我们相距不远的"所闻世"而非"所传闻世"的近代史实。

第四，如果按照徐中舒"阴谋论"的思维方式进行大胆假设的话，在"商纣为黎之蒐"的前前后后，都是由周人一手策划而导演的历史闹剧，也并非全然不可能。"戡黎"之举，既可以铲除殷人的宿敌，大获殷人的信任，也可以借此扩大周人的势力范围，此一举两得之事，惯于"帅殷之叛国以事纣"的周人更是乐此不疲。而且鼓动商纣王"大蒐于黎"，既可以骄其气、惑其志，亦可从中制造混乱，寻找机遇。因而其时即使不是东夷之人"弃命"背盟，也会有别的部落因小忿不释而起兵反叛。准此，东夷之叛，与其依徐中舒说是周人的暗中唆使，不如说是周人别有用心的挑激。这种政治伎俩，在每个时代都经常上演，丝毫不足为奇。陈胜、吴广为起大事而以小故挑激押送戍卒的秦人军尉（"忿恚尉"），从而一举掀动了山东六国的反秦浪潮，即其显例。而个中秘密，并不为一般人所能知，只有那位头脑清醒的殷人祖伊才是真正的有识之士，他自始至终全然洞悉周人"戡黎"的动机与阴谋，以及在商纣"大蒐于黎"背后所隐藏的暗流与危机。只是他不应该不合时宜地赶在商纣王豪气勃发而风头正健的时间节点上来泼冷水。[①] 由此可见，与其说祖伊是因周人"戡黎"而"恐"，还不如说更是因商纣"蒐黎"而

---

① 《尚书·西伯戡黎》乃周人作而传之，意在丑化商纣王；其事可有，其辞可疑。《尚书·微子》一篇，亦当作如是观。然而，值得注意的是，《尚书》既有周人所传之《西伯戡黎》，则周人借殷人祖伊之口来混淆视听，到底是想说明什么，还是想掩盖什么，颇可玩索。

"惧";否则《史记·周本纪》所载周文王一系列的"伐国"行动,哪一步不是周人伐商的前奏,而祖伊何至唯独恐惧于"西伯戡黎"?反之,周人克伐"殷之叛国"多矣,又何独至于"戡黎"而有"耆夜"如此兴奋之举?虽然出土文献有很大的偶然性,但既然有此出土之物,便不能忽视其当初的存在。当然,这一论断,还必须以清华简的真实可靠为前提。不过,即使清华简的真实性可疑,也不至影响我们这里的推断。

综上所述,"商纣为黎之蒐,东夷叛之",其个中原委,大抵如此。虽然这些推论与徐中舒的设想相较,仍然不免"五十步笑百步"之嫌,但毕竟朝历史真相迈进了"五十步"。书阙有间,历史断层无从接续,亦末如之何也!

与"为黎之蒐"相关者,还有武王"观兵"之事。《史记·周本纪》说,武王九年"东观兵,至于盟津",还说"是时,诸侯不期而会盟津者八百诸侯"。据先秦载籍所引,武王在观兵盟津时还发表了一篇称为《太誓》的军前演说。而"不期而会"的八百诸侯皆对武王说"纣可伐",但武王却说"女未知天命,未可也",便悄无声息地班师而还了。

所谓"不期而会"者"八百诸侯",自不可信。且周人事后要替武王补造一篇名为《太誓》的讲话稿,说些"予克纣,非予武;惟朕文考无罪。纣克予,非朕文考有罪;惟予小子无良"(《礼记·坊记》引)或者是"我武惟扬,侵于之疆,则取于残,杀伐用张,于汤有光"(《孟子·滕文公下》引)之类虽然谦虚有加却不着边际的空话,也不是难事。但关键在于,牧野大战之前的"东观兵至于盟津",其事究竟如何解释？

如果从灭商的后果认定某个前因，以为此时的"小邦周"与"天邑商"已然是剑拔弩张公开对决的敌国仇雠，且又确认"牧野之战"不过是突然发动的闪电战；那么"观兵盟津"，还向"八百诸侯"发表对殷人宣战的军事演讲，大规模地向敌方泄露军事机密，暴露周人的政治野心，然后又草草收兵，这种愚蠢的战法，恐怕古往今来也未有其例。但如果从"戡黎"与"蒐黎"的前因以驯至其后果，即考虑到此时周人与殷商几乎处于无缝隙交往的姻盟与国关系，那么周人在任何地方大规模地集结以整军练武，都不会引起殷人的怀疑与猜忌，更何况，武王在"观兵"时的军前讲话还有"杀伐用张，于汤有光"的说辞。[①] 因此，"东观兵至于盟津"，其事当然是确信无疑的。只是武王选择在"盟津"之地"观兵"的真实意图，作为一种问题意识，却在学者们诉诉交争于《太誓》之真与伪的喧嚣声浪之中全然被遮蔽淹没了。

所谓"盟津"，又称"孟津"，其地在黄河北岸，今之河南孟州市西南境。孔颖达《尚书正义·禹贡》引杜预说："孟津，河内河阳县南孟津也。"胡渭《禹贡锥指》说："'盟'古通作'孟'，其地本在河北。阎百诗曰：孟津之渐讹而南也，自东汉始。"然武王所以"观兵盟津"，宋人林之奇以为黄河上游水道因"夹两山之间，其流皆湍悍，至于孟津，然后其势稍缓，可以横舟而渡"。然清人胡渭已驳之，认为

---

① 孟子所引《太誓》之文，如果确实与"盟津观兵"有关，那么所谓"我武维扬，侵于之疆，则取于残，杀伐用张，于汤有光"的说法，就是完全合乎情理的。因为武王"观兵"，名义上正是为殷商王朝整军练武，当然不仅不会引起殷人的丝毫警觉，相反，还可能会受到殷人的大加鼓励与褒扬。

"大河津济处甚多，唯孟津以都道所凑，四通五达之衢，故其名古今特著耳"。① 近人杨宽又说盟津为"河北和河南两方面的渡口，武王在此与诸侯结盟，于十一年在此与诸侯誓师渡河北伐"。然以今之论，林氏之说固然非是，胡氏之说亦未得其真，杨氏之说于武王"观兵"究竟在河北还是河南，更无定见；且以为"从盟津到牧野，约有三百里以上路程，采取急行军，平均每天进军五十多里是可以做到的"，乃以为武王九年先渡河结盟，二年后又渡河誓师再长途急行军而决战于牧野。② 书生之见，尤其荒谬。

考诸家之说所以不着边际不得要领，皆由不明武王"观兵"之真实意图所致。如前所述，周人此时既克邘崇，又戡黎方，则大河南北，可任其往来。因此，"东观兵，至于盟津"，既与河水缓急了无关涉，亦与会盟诸侯大不相干，更与地处黄河南边且为周人后来所建的洛邑没有任何瓜葛；至于说，此时武王还有如《礼记·坊记》所引《太誓》"予克纣"或"纣克予"之类对殷人宣战的军前演说，就更是无稽之谈了。事实上，"观"者，示也；所谓"观兵"，既非盟会，亦非誓师，而是今天所说的带有耀武扬威性质的军事演习。至于武王何以要在今天黄河北岸的孟州西南这个地方进行军事演习，只要看看今天的地图就知道了。今天孟州正北的沁阳与济源两县的接壤之处，其时正是殷人的军事重镇"大邑商"的所在地，帝辛时代征伐人方的军队就是从这个地方出发的，而且这里不仅是殷人称为"大邑商"的军事重

---

① 引文皆见胡渭：《禹贡锥指》卷十三中之上，上海古籍出版社1996年版，第447—448页。

② 参见杨宽《战国史》相关论述及其所列"假定的武王克商日程表"，上海人民出版社1999年版，第86—104页。

镇，也是帝辛时代殷人的田猎区。[①] 显然，武王在殷人的军队驻屯区域周边进行军事演习，其目的是试探殷人的政治局势与军事反应。如果殷人对周人大规模的军事行动熟视无睹，说明殷人完全视周人为心腹，毫无防范之意。如果殷人有所反应，就可以得知殷人屯驻在"大邑商"的军队虚实，以及殷人京畿牧野一带的军事布防情况。因此，"观兵"的意图既是对殷人当前局势所作的政治性试探行为，也是为即将开展的"牧野之战"作军事侦察。而且在时间节点上，正如李学勤所说，从《耆夜》所记周公作《蟋蟀》一诗所反映的季节时令，"周的伐耆是在武王八年深秋以后"，而"伐耆在八年之末，随后就是在孟津观兵"，"在时间上便前后相邻接了"。[②] 事实上，《耆夜》还有一个更为重要的信息，即商纣王"大蒐于黎"应当在武王九年的春季，正与《国语·齐语》"春以蒐振旅"之说相吻合，而武王"观兵盟津"又在商纣王"大蒐于黎"之后的夏季或者秋季了。

对于武王"盟津观兵"的军事侦察与政治试探，殷人是否做出了反应，先秦文献没有任何相关记载。但先秦载籍多言商纣与东夷的战事，《左传》昭公十一年记晋人叔向说"桀克有缗以丧其国，纣克东夷而陨其身"，与楚人椒举"夏桀为仍之会，有缗叛之，商纣为黎之蒐，东夷叛之"之说亦若合符契。帝辛时代卜辞有两次征人方的占卜记录，晚殷铜器《般觥》及《小臣艅尊》铭文亦有相关记载。郭沫若《卜辞通纂》曾据以释为"征尸方"，认为"尸"乃"夷"字之假借。[③] 陈梦家

---

① 陈梦家：《殷虚卜辞综述》，中华书局 1988 年版，第 256 — 257 页。
② 李学勤：《初识清华简》，中西书局 2013 年版，第 132 — 133 页。
③ 郭沫若：《卜辞通纂》，《郭沫若全集·考古编》第二卷，科学出版社 1983 年版，第 462 页。

《殷虚卜辞综述》则释为"正人方",认为"武丁卜辞中所征伐在西土的尸方,与乙辛时代在南方的人方,是不同的两个邦方。尸和人的写法也不同"①。我们认为,无论释为"人方"或释为"尸方",就其征伐的时间而言,不可能如徐中舒氏所言,以之与"纣克东夷而陨其身"并为一谈。常玉芝根据商代周祭制度排定帝辛两次征伐人方的具体时间,分别是:"第一次开始于帝辛十祀八月,至十一祀正月踏上'来征人方'的归程,至五月份仍在归程之中,这次征伐人方连去带回至少用了十个月时间。第二次征伐人方开始于十四祀的年终十二月,闰月十四月去伐人方,到十五祀九月仍在'来征人方'的归程中,即这次征伐人方连去带回也至少用了一年的时间"。②然而帝辛在位三十四年,其第二次征人方尚在他在位之中期偏前,距其"克东夷"以致周武王乘机突袭牧野而战败身亡,相隔二十有三年。

当然,东夷种落应该不止"人方"一个部族,从山东东部地区南到淮泗流域的安徽与江苏毗邻一带,皆是古代徐戎与淮夷集居之地。而最终葬送殷商王朝的东夷,竟属何方何种,今不得而知。但据陈梦家所考订帝辛征伐人方的时地日程,其往返耗时二百六十日(如常玉芝说更须一年之久),其进军路线自始发之地的河南沁阳,历经原武县、商丘县、谷熟集、夏邑县、永城县、五河县,乃从河南西北部穿行到东南部,再到今之安徽东部而后跨过淮河进入江苏境内作战,③其往返的直线距离犹长达一千三百多公里,可见其战事之旷日持久。

---

① 陈梦家:《殷虚卜辞综述》,中华书局1988年版,第301页。
② 常玉芝:《商代周祭制度》,线装书局2009年版,第406—407页。
③ 参见陈梦家:《殷虚卜辞综述》,中华书局1988年版,第304—309页。

　　然而，对于周人"观兵"的军事活动，根据默证法及其事后的结果，基本可以断定，殷人完全没有丝毫的警惕与戒备之心。而周武王在掌握了殷商的政局动向与军事布防之后，便乘着东夷"弃命"背盟起兵反叛而驻扎在"大邑商"的殷军主力长途远征的间隙，率领"虎贲三千人，简车三百乘"以及西土八国联军奔袭"天邑商"。"以二月癸亥夜陈"于商郊（《国语·周语下》），第二天甲子清晨发起攻击，首先"以锐兵克之于牧野"（《吕氏春秋·古乐》）歼灭殷都南郊驻扎在"牧自"防守京畿的卫戍部队，然后直扑朝歌。当此命悬一线之际，商纣王欲调动主力大军回援京畿，则势必远水不能救近火！在援军不及而殷都沦陷的当天晚上，商纣王"取天智玉琰，璕身厚以自焚"（《逸周书·世俘解》）。而其余部众，纵然拼死顽抗，也无力回天！庞大的殷商帝国就此轰然坍塌，土崩瓦解。其时为周武王十二年也就是周文王"肇国在西土"之第十二年（公元前1106年）的二月甲子，出土的《利簋》铭文与传世文献皆可互证。

　　总而言之，从"西伯戡黎"到"商纣为黎之蒐"，再从"东夷叛之"到"牧野之战"，所有事件都是一步接着一步的政治圈套与军事陷阱，其间"观兵于盟津"，以觇殷人的政治局势与军事动向，全部过程都紧锣密鼓地发生在武王八年到十二年之间，而周人的幕后阴谋与秘密操控亦环环相扣，有条而不紊。此虽事无所证，迹亦难明，但理实不虚。且历史的事实恰是：到此为止，周人自古公亶父去邠迁岐犹"肆不殄厥愠"以来，历经王季与周文王"遵养时晦"而隐忍屈辱，强颜事敌以"燮伐大商"的远略"图功"，终于以周武王与师尚父"时维鹰扬"，"肆伐大商"的"牧野之战"而大功告成。因此，周人在事后歌功颂德的《诗·鲁颂·闷宫》以及《诗·周颂·大武》乐章中便可以无所顾忌地说："后稷之孙，实维大王，居岐之阳，实始翦商"，"允文文王，克开厥后；嗣武受之，胜殷遏刘，耆定尔功"；则先前一直默识在心而秘不示人的"訏谟定命，远猷辰告"，至此终于可以直言不讳地公开说出他们早年既定的"訏谟"与"远猷"了。

至于《左传》昭公二十四年周大夫苌弘引武王《太誓》说"纣有亿兆夷人，亦有离德；余有乱臣十人，同心同德"以及《吕氏春秋·古乐篇》"商人服象，为虐于东夷"云云，乃至载籍所谓商纣王的种种恶行，不过是周人夺得了历史话语权之后的欺世之谈。而载籍中种种对周文王的诸般歌颂与谀辞，即如《诗·大雅·文王》"亹亹文王，令闻不已"，《左传》襄公三十一年载卫人北宫文子所谓"《周书》数文王之德曰：大国畏其力，小国怀其德"，"纣囚文王七年，诸侯皆从之囚"，"文王伐崇，再驾而降为臣，蛮夷帅服"之类说法，不一而足，亦大可作如是观。姑妄言之，亦姑妄听之可也！

第三章

天下之中：武王的焦虑与洛邑的营建

由上述可见，武王克商，只不过占领了殷人的王都，消灭了商纣王一人之身而已，离尽平其国而天下大治的政治目标却差之霄壤。更何况以密谋与武力逆取天下虽云不易，但以文治与风教使天下安澜尤为其难。然而，无论是文化的发达程度，还是科学技术的先进水平，地处西偏的"小邦周"远远落后于"天邑商"。更有东部大片土地与民人的管控，先进的殷商科学技术的接管，对于文化落后的周民族而言，都面临着巨大的历史性挑战。

如何解决殷商贵族的遗民情绪，殷商旧有科学技术人才的安抚与利用，也直接关系到新建周邦的社会发展与政治稳定。为此，周武王陷入了深深的焦虑，以至夜不能寐。《逸周书·度邑解》说：

> 维王克殷国，君诸侯及（原作乃，依庄述祖校改）厥献民，征主九牧之师，见王于殷郊。王乃升汾之阜，以望商邑。永叹曰："呜呼！不淑兑天对，遂命一日，维显畏弗忘。"①王至于周，自□至于

---

① 淑，美善也。兑，音义同遂，犹顺从、完成；与今语"兑现"之"兑"义近。对，相配。兑天对，即完成上天的要求、与上天的愿望相匹配。遂，通墬，今写作坠。"不淑兑天对，遂命一日，维显畏弗忘"，意即：不能妥善地满足上天的愿望，丧失天命，仅在一日之间。这是十分显著的而且也是值得畏惧而不能忘记的事实。各家校勘释义皆误。本文所引《逸周书》及诸家校勘，皆见黄怀信等：《逸周书汇校集注》，上海古籍出版社1995年版，下不出注。

丘中，具明不寝。王小子御告叔旦，叔旦亟奔即王。问（原在劳字后，从丁宗洛校正）曰："久忧劳，害（原作周，依卢文弨校改）不寝？"曰："安，予告汝。"王曰："呜呼！旦，惟天不享殷国，发之未生，至于今六十年。①夷羊在牧，飞鸿满（原作过，依卢文弨校改）野。②天自幽（原作幽，依陈逢衡校改），不享于殷，乃今有成。维天建殷，厥征天民名三百六十夫；弗顾，亦不宾成，用庶于今。③呜呼！于忧兹难，近饱于卹，辰是不室。④我来所定天保，何寝能欲？"⑤王曰："旦，予克致天之明命，定天保，依天室；志我共恶俾从殷王纣。⑥四方亦（原作赤，依庄述祖校改）肯来（原作宜未，依洪颐煊校改）定我于西土，我维显服及德之方明。"⑦叔旦泣涕于常，悲不能对。⑧

———————

① 据常玉芝《商代周祭制度》所排文丁、帝乙与帝辛祀谱，商纣王帝辛在位三十四年，帝乙在位二十五年，文丁在位二十二年。又据古本《竹书纪年》"武王崩年五十有四"，则"发之未生至于今六十年"，当文丁十年左右。
② 夷羊，怪物；飞鸿，一作飞蛩，蝗虫。郊外谓之牧，牧外谓之野。
③ 宾，与摈通用，迎接。宾成，犹言热情接纳贤人以成就自己。庶，至也。
④ 辰，时也。《说文》："室，实也。从宀从至，至，所止也。"辰是不室，犹辰是不实，谓因此心里时常不踏实。旧注或以"不室"为"未定都邑"，或以为"不安其家室"，皆未达文意。
⑤ 来，行来也，此处指回来的路上。所定天保，犹所以定天保也，谓确立保住天命的办法。
⑥ 志，标识，标志。俾，比也。俾从，近义复词，犹言跟从、随于其后也。志我共恶俾从殷王纣，一句读下，乃文从字顺，语畅义明。旧注诸家因句读之误，纷纷校改，非是。
⑦ 维，通唯。显，与宪音义相通互用。古人谓悬法示人为宪，故宪亦显，显亦宪，是显、宪皆可引申为法。说见拙著《尚书释读》之《康诰》"于弟弗念天显"、《酒诰》"迪畏天显小民"以及《多士》"罔顾于天显民祇"等各句释读。服，通服，法也。显服，同义复词，犹今语法律、法制之意。德，《尚书》中"德"字多指治国举措，不单指君主的个人私德。方，并也。明，明确。"维……之……"，犹"唯以……为……"。维显服及德之方明，意即唯有以法度与德政并明也。
⑧ 常，与裳通，下衣曰裳。

　　其大意是说：周武王克商以后，在殷都郊外召见了殷商旧属诸侯与归顺周邦的乡绅名流以及管理地方政务的各州正副官长。然后登上朝歌附近的高坡，眺望殷商旧京，大发感慨地说："不能很好地报答上天的期许，在一天之内便丧失天命，这是多么沉痛可怕而又深刻难忘的教训啊！"又在回去镐京宗周的归途上，通宵达旦，夜不能寐。为周武王驾车的小臣将此情报告于周公，周公急奔王所探问："是否因为长期忧虑与疲劳，何以不能入睡？"周武王说："你先别为我着急，来，我告诉你。"接着便长叹一声继续说道："姬旦啊！当我姬发尚未出生之时，老天爷便不接受殷人的祭祀了，如今已经有六十年了；以致殷人京畿之地，灾异频仍，哀鸿遍野。自从我们的先人从豳地迁到岐周之后，老天爷就不大愿意接受殷人的祭祀，到今天终于结束了殷人的天命。当老天爷建立殷邦之初，上天也征进了天民中的名流贤达三百六十人，可殷人既熟视无睹，更不愿接纳进用这些名流贤达以成就国家的大事业，以至于有了今日的亡国之祸。唉！因为担心这治国的种种艰难，近来满腹忧愁，每时每刻，心里都不踏实。我在回来的路上，一直都在思考确保天命的办法，哪里还想睡觉呢？"周武王继续说："姬旦呀，我已经克灭殷商，把上天的明令正罚送达给商纣王了，因而我们必须确定保住天命的办法与措施，依托天室所在之处治理国家，借此表明我们与共同厌恶的商纣王不一样，决不能步他的后尘，在一日之内便遭到灭亡的灾祸。天下四方的名流贤达也愿意来到我们西土，帮助我们安定国家，而我们唯一要做的，就是把相关的法度与政策一并明确地规定下来。"周公旦听了这番话，涕泣沾裳，对武王如此愁思忧劳国事，心里感到非常难过，嘴上却说不出一句安慰的话来。

今传《逸周书》属《汉书·艺文志》"六艺略"《尚书》类，题名《周书》七十一篇，厕于许商《五行传记》与汉宣帝时《石渠议奏》之间，后世编入乙部杂史类，因而历来不受学者重视，在传抄中多生倒衍讹脱之误自是难免。经过清代学者多方校勘，才能勉强卒读，但仍有许多难以通说之处。故不惮其繁，既详注其文，又细绎其义，只为准确把握武王的治国理念，避免脱离文本而随意穿凿，仅此而已。[①]

由《度邑解》这段文字可见，周武王所忧之事，主要在三个方面：

第一，偌大的殷商帝国，何以如此不堪一击，竟在一天之内便迅速土崩瓦解，实在令人震惊而难以置信。

第二，自周人迁到岐山之后，尤其是最近六十年以来，上天就不看好殷商王朝。京畿之地，灾异时常发生，遍地尽是哀鸿。可是从武乙到帝辛的几代殷王，何以找不到有效措施挽救他们的国运呢？

第三，殷人在建国之初，老天爷也为他们准备了众多的人才精英，何以殷人普遍将他们投闲置散而不能委以重任，最后皆任其凋零乃至流失呢？

通过连日来的痛苦思索，周武王终于想到了相应的对策，这就是"定天保，依天室"，周人决不能步殷商迅速亡国的后尘。

所谓"定天保"，就是确定保住天命的办法与措施，这是有鉴于殷商百十年来制度松弛、国势倾颓的危局所设定的相关对策。而这"定天

---

① 《逸周书》之《度邑解》与《商誓解》二篇，对于本文尤为重要，而前人注解与释义多有未达；其中多有本文未及引用的胜义，亦有前修时彦尚未发明却有补于西周史研究的新材料。为了避免断章取义或曲解与误读，亦为表彰这类新发明的旧史料，特为二篇作"校注""绎文"以附之于本文之末，学者径可参读与利用。

保"其实包括两个方面:一是制定与殷商王朝不同而全新的国家制度;二是确立有关国家治理的具体政策。所谓"维显服及德之方明",即是其意。所谓"依天室",则是确立国家的治理中心。这是有鉴于殷人以方国联盟为主体所以"极远而弗届"之控制不力的积弊所采取的对策,也是周人急需解决如何管控东方大片疆土与广大民人的现实应对措施。这"依天室"也包含两个方面:一是确立国家治理的地理中心;二是建立广纳四方贤才的智力中心。因此,"定天保"是目的,"依天室"是手段,可见周武王的治理思路还是非常清晰的。亦可想见,这大抵是周武王在殷都郊外,与殷属诸侯邦君、地方长官以及乡绅名贤召开的咨询会议上了解情况之后,劳神苦心所思考的应对策略。

虽然"定天保"与"依天室",在本质上是互为前提与条件的系统性整体治理思想,但我们仍然不能同意将二者混为一谈的说法。近人杨宽说,"保"与"堡"古通用,"天保"即是天都之意,"定天保"是说确定顺从天意的国都。"天室"是指祭祀天神的明堂。"依"与"殷"通。"依天室"是说在新都建筑明堂举行殷祭。[1] 显然这是将"天保"与"天室"两个概念的不同内涵混而无别了。这种随意滥用通假而且歪曲古人既定文法以解读古书的方式,我们是不能接受的。而且武王所关注的并不是宗教问题,在何处建立"明堂"以祭祀天地鬼神有因袭的宗教习惯,用不着如此劳神苦思。因此,把"天保"等同于"天室",仅仅从宗教祭祀着眼诠释其内涵,是非常片面的;虽然其间也不可避免地包含着宗教方面的内容。

---

① 杨宽:《战国史》,上海人民出版社 1999 年版,第 137 页。

因此，应该说，"定天保"是有关国家制度设计以及关乎国家治理的社会组织结构问题，也就是保障国家长治久安的大政策、大举措。然而，也毋庸讳言，这也恰好正是地处西偏的"小邦周"所面临的最为棘手的重大薄弱环节。无论是古公亶父"柞棫拔矣，行道兑矣"之命司空、司徒拓荒开道，还是周文王"虞芮质厥成，文王蹶厥生"所擅长的以道德感化周边小国，全然不能与眼下如此庞大的国家治理工程同年而语；而且这同样也是擅长军事征战的周武王所难以胜任的陌生领域。因此，在决定国家前途与命运的关键时刻，周武王焦灼难安、夜不能寐，当然是情有可原的。他不得不召开广泛的咨询会议，也不得不去拜访殷朝的遗老明哲，向箕子请教如何治理国家以致"彝伦攸叙"的理论与方法。《尚书·洪范》说：

> 惟十有三祀，王访于箕子。王乃言曰："呜呼，箕子！惟天阴骘下民，相协厥居，我不知其彝伦攸叙。"箕子乃言曰："我闻在昔，鲧堙洪水，汨陈其五行。帝乃震怒，不畀洪范九畴，彝伦攸斁。鲧则殛死，禹乃嗣兴。天乃锡禹洪范九畴，彝伦攸叙。初一曰五行，次二曰敬用五事，次三曰农用八政，次四曰协用五纪，次五曰建用皇极，次六曰乂用三德，次七曰明用稽疑，次八曰念用庶征，次九曰向用五福，威用六极。"

周武王对箕子坦诚地说："我不知其彝伦攸叙。"意思就是说，我不知道如何整顿乾坤，安排天地间的大秩序。而"洪范九畴"，正是治国理民以整齐天地人伦总秩序的大原则与大手段。"本之以五行，敬之以五事，厚之以八政，协之以五纪，皇极之所以建也。乂之以三德，明之以稽疑，验之以庶征，劝惩之以福极，皇极之所以行也。人君治天下之法，是孰有加于此哉！"宋儒蔡仲默这样理解"九章大法"与"彝伦攸叙"的关系，当然是正确的。由此可见，箕子这"洪范九畴"，既有物质生活方面的具体建议，也有精神信仰方面的思想主张；虽然极其宏观抽象，却又十分细致具体。[①] 然而不无遗憾的是，就在这次拜访箕子请教治法的当年十二月，武王便撒手人寰了。不过，箕子所陈的"九章大法"，虽然在武王生前来不及系统实施，却也是奠定周王朝八百年基业的庞大政治哲学体系，也是后世不断取效与借鉴的治理思想渊薮，则是用不着怀疑的。即使不问其理论价值如何，仅就武王以竭诚之心广泛咨询社会贤达，不弃乡绅野老这种不耻下问的优良政治作风而言，也足以楷模当世，垂范后昆。而其同母弟周公旦正是这种优良作风的直接传承者与践行者，在移封康叔于妹邦时，周公便在诰词中反复叮咛告诫康叔说："往敷求于殷先哲王，用保乂民。汝丕远惟商耇成人，宅心知训。别求闻由古先哲王，用康保民。"其教导康叔遍访遗贤，咨询故老，寻求治国安民的具体措施与方法，正是周武王当年的流风遗泽。

值得注意的是，"天室"这个概念，在语言上只是一种隐喻式的修辞表达。古人建宗庙，庙有五室，中央最大者为太室。因此，"天室"就是"天下之太室"，必居"天下之中"。西周早期铜器《㿝尊》铭文说："佳珷王既克大邑商，則廷告邦天，曰：余其宅兹中或，自之辥

---

① "洪范九畴"以"建用皇极"为枢纽，统领其他各畴，这种"建中立极"的思想学说，或者对于武王"宅兹中国，自兹乂民"的治理构想不无启发。

民。"①《尚书·洛诰》也反复申言："王来绍上帝，自服于土中"，"其作大邑，其自时配皇天，毖祀于上下，其自时中乂"。可见"依天室"就是"宅兹中或，自之乂民"。显而易见，"定天保"是关乎国家治理的重大制度设计以及社会总体结构的秩序安排；而"依天室"则是周人克商之后面对东土管控这一目前最为紧迫的现实问题所作的应对策略，也是国家治理的总体规制在现实社会层面的具体落实。

毋庸讳言，周武王之所以选择"天下之中"作为国家的治理中心，首先当然是出于地理上的考虑，即《史记·周本纪》所谓"四方入贡道里均"，这是着眼于物质形态的国家管控；其次是出于文化上的考虑，即《逸周书·度邑解》所谓"天有求绎"，这是着眼于精神形态的智力管控。然而，正是这个仍然处在概念状态而尚未具体显现出来的作为"天下之中"的洛邑，②却成为撬动殷周整个社会发生根本性变革的历史杠杆。也就是说，正是因为内涵为"八方之广，周洛为中，谓之洛邑"③这个概念的酝酿与形成，从而导致中国社会由殷商王朝自然松散的方伯联盟制转向了姬周王朝以宗法维系的诸侯分封制；同时也拉开了中国古代社会对于文人与文化既控制又利用的悠悠大幕，从而上演了一部又一部读书人升天入地的历史悲喜剧。不过，这道理说起来也非常简单：为

---

① 㽙尊一九六三年出土于陕西宝鸡贾村塬，腹内有铭文一百二十二字，现藏宝鸡市博物馆。"𠟭"即"则"，"或"为"国"字初文，"𣿏"读"乂"，治也。

② 《尚书·多方》"尔乃自时洛邑"，"时"字为远指；《尚书·多士》"今朕作大邑于兹洛"，"兹"字为近指。前者为周公三年前洛邑未建时诰于宗周；后者乃周公三年后营建洛邑时诰于洛邑。依《尚书》文例，远指用"时"字，近指用"兹"字，绝不混用。是知洛邑尚未兴建，已经早有洛邑之名。以洛邑为中心，可以成就周邦，故洛邑又称成周。

③ 语出《水经·洛水注》引《孝经援神契》。见陈桥驿：《水经注校证》卷十五，中华书局 2007 年版，第 369 页。

了拱卫这个"天下之中",必须实行带有一定殖民意义的诸侯分封制;为了打造这个"天下之中",必须聚集一批知识人士为之贡献他们的智慧与才能,这当然也不免带有智力掠夺的倾向。① 然而,无论是殖民性分封,还是智力性掠夺,西周开国初期的历史事实,就是如此!请尝试而言之:

首先,作为"四方入贡道里均"的国家治理中心,除了派驻军队所谓"成周八师"采取强有力的武力保护之外,② 进行家族殖民式的诸侯分封制,则是政治利益与经济利益一举两得的最佳方案,这是周人最为聪明的制度建设。因此,营洛的第一目的与洛邑的拱卫,就是导致诸侯分封制诞生的重要契机之所在,也是西周开国之初武王在世之时第一次分封诸侯之最为直接的目的。③ 为此,对周代分封制的基本特点略作交代,应该是很有必要的。

众所周知,殷商王朝虽然也是"邦畿千里"的大国,表面上也是采取"越在外服,侯甸男卫邦伯"的"畿服制"。但殷人的"畿服制"与周人的"分封制"在概念上有着本质的不同。殷人"越在外服"的"侯甸男卫"诸方伯,都是各自独立的自然氏族;严格说来,这些自然

---

① 中国古代"士人"群体的发生,就是从这批殷遗开始的。参见拙著《中国早期文化意识的嬗变》第二卷第十二章《士人群体与士人文化》,武汉大学出版社2005年版,第3—28页。

② 《智壶盖》:"王乎尹氏册令(命)智,曰:更乃祖考,乍(作)冢嗣土(徒)于成周八师。"

③ 《左传》昭公二十六年说:"昔武王克殷,成王靖四方,康王息民,并建母弟,以藩屏周。"意即周人开国之后的大规模分封活动,前后当有三次:第一次是克商之后,武王以河洛为中心的分封,即封建诸侯以拱卫洛邑;第二次是周公平定管蔡武庚之乱以后,向边远之地拓展以"藩屏周"的诸侯分封与移封;第三次是康王即位以后,封建其王室功臣子弟。至于其他不时兴到的零星分封,则不计于其内。

氏族与殷商王朝只有松散的部落联盟关系。虽然表面看来有主国与属国的名分，但并无实质性的统领关系。①且"伐柯伐柯，其则不远"，克殷之前的西土周邦与殷商王朝，正是这种松散的联盟与国关系。虽然因"帝乙归妹"而殷周关系有一段"蜜月期"，但仍然没有消除自然松散的盟国性质，且地处西偏的"小邦周"最后竟然克商灭纣，取而代之，尤其可为显例与明证。因此，随着殷商王朝国力的盛衰消长，这些联盟性质的大小方国也就叛服不定。我们看武丁时代的卜辞，殷商王朝经常派出军队对远近多方进行武力征伐，其原因就在于此。当然，国力强盛，自可武力征伐"叛国"；国力不足，也就只好任其向背而去留自专了。

然而，周人的分封制，按照功劳的大小与血缘的远近，以"授土授民"的方式，裂地封疆；其所授疆域之大小与民人之众寡，与诸侯的爵位尊卑形成等级关系。而且那些爵级较尊、关系较近的诸侯邦君，还可以在中央王朝担任重要官职，所谓"越在内服"，即是其事。如《左传》成公十一年刘康公说："昔周克商，使诸侯抚封，苏忿生以温为司寇。"又如，周平王东迁前后，卫武公与郑武公皆分别为王朝卿士，亦是其例。这样，通过以"授土授民"为其内容与形式的诸侯分封，其结果就形成了"溥天之下，莫非王土；率土之滨，莫非王臣"的大格局。而且在这种诸侯裂地封疆的政治格局中，又由于"同姓不婚，其生不蕃"的民俗禁忌，异姓诸侯与同姓诸侯乃以婚姻关系互相缔结"两姓之好"，于是诸侯与诸侯之间，以及诸侯与周王之间，不是甥舅，便是兄

① 参见徐中舒：《论殷周的外服制》，《徐中舒历史论文选辑》，中华书局1998年版，第1410—1418页。

弟。①这种以血缘关系为政治纽带所结成的国家共同体，较之那种自然松散而叛服无定的部落联盟关系，自有其优长之处。因此，周代国家的组织结构与运转机制，当然比起与之相对的殷商王朝要牢固得多，经久得多。当然，这种以宗法血缘为维系纽带的诸侯分封制，其优长之处在于是，其窳劣之处亦在于是。不过，这种历史的二律背反，不在本文讨论之列，可按下不表。

据先秦经籍所载，武王克商之后所封建的一批功臣与王室宗族，大部分集中在河洛一带环绕在成周周边地区，而且分封在这个地区的诸侯，都是其时比较重要的人物及其家族，其拱卫"天下之中"的目的是非常明确的。"营成周以制东国，其于守防盖甚慎焉"，民国著名学者傅斯年有关鲁、燕、齐三国初封之地皆在成周东南及至后来皆远迁于现今山东与河北一带的说法，可为本文之力证。傅氏说，召公奭所封之燕，其字在金文皆作郾。燕既作郾，则其初封之地当在今之河南郾城。"汉世郾县与召陵县虽分属颍川、汝南二郡，然土壤密迩，今郾城县实括故郾、召陵二县境。近年郾城出许冲墓，则所谓召陵万岁里之许冲，固居今之郾城治境中。曰郾曰召，不为孤证，其为召公初封之燕无疑也"，然其后则远徙于河北蓟燕之地。鲁公伯禽之初封，在今河南省鲁山县，因"成周东南既有以鲁为称之邑，鲁之本在此无疑"，而后亦远徙曲阜。太公吕尚初封，其地在吕，吕尚与其子吕伋，"此父子之称吕，必称其封邑无疑"，"然则齐太公实封于吕，其子犹嗣吕称，后虽封于齐，当侯伋之身旧号未改"。是吕之旧封，亦在成周之南，今河南

---

① 参见王国维：《殷周制度论》，《观堂集林》第二册，中华书局1959年版，第474页。

西南境，西接陕西，南接汉阳诸山脉，即是其地。傅氏因此说，"雒邑之形势，至今日犹有足多者，在当年实为形胜之要地，周人据之以控南方、东方之诸侯者也。齐燕鲁初封于此，以为周翰，亦固其所"。[1] 傅氏的结论不仅十分正确，而且亦不乏启迪之功。西周甫一开国，封建制便横空出世，而拱卫"天下之中"的洛邑，正是这二者之间的观念中介！

由于论旨所限，傅氏于周人开国之际为拱卫洛邑而封建诸侯，仅讨论了燕、鲁、齐三国初封之地。当然，此三国是后来迁离洛邑较远而又常见于经史载籍者，颇有典型意义。其实，武王初封于洛邑周边的宗室诸侯，名著于后世者尚有平叛后移封于殷都故地的同胞母弟康叔封。《史记索隐·卫康叔世家》："康，畿内国名。宋忠曰：康叔从康徙封卫。畿内之康，不知所在。"孙星衍《尚书今古文注疏》："《说文》：郏，颍川县。《汉书·地理志》颍川有周承休侯国，元始二年更名郏。《集韵》：郏，县名，在颍川。又有'鄌'，同音地名，则即'康'也。元始二年复古称郏，今河南汝州是。"[2] 今考康叔始封之地，在前汉之郏县或鄌县，后汉省并入阳城县乃为郏乡或鄌乡，其地在今河南省汝州市东北，则在洛邑之南而稍偏于东。

此外，《左传》成公十一年载"苏忿生以温为司寇，与檀伯达封于河"，隐公十一年载"苏忿生之田，温、原、绨、樊、隰郕、攒茅、向、盟、州、陉、隤、怀"，杜预注："今怀县凡十二邑皆苏忿生之田，攒茅属汲郡，余皆属河内。"则苏忿生所封之温，其地在今河南济源、

---

[1]　傅斯年：《大东小东说——兼论鲁燕齐初封在成周东南后及东迁》，欧阳哲生主编：《傅斯年全集》第三卷，湖南教育出版社2003年版，第54—60页。

[2]　孙星衍：《尚书今古文注疏》卷十五，中华书局1986年版，第354页。

孟县、温县、沁阳、武陟、修武、获嘉诸县之地。这一带曾经是"大邑商"的军事重镇所在，也是商王的田猎区。不过，据《国语·郑语》"己姓，昆吾、苏、顾、温、董"之说，我疑心苏忿生作为异姓诸侯，其始封之温国，地界未必如此之大，《左传》所言或是其后代蚕食周边邑地之所得，亦未可知。苏忿生初封之温国，其地当在今河南温县周边，乃在黄河北岸，与洛邑隔河相望。而檀伯达的封地亦当在洛邑北面的黄河一带，当无所疑。

然而，尤其应该注意的是，武王同母弟号称"三监"的管叔鲜、蔡叔度、霍叔处的初封之地。《史记正义·管蔡世家》引《括地志》："郑州管城县，今州外即管国城也，是叔鲜所封国也。"《利簋》铭文载武王甲子朝克商后第八日辛未在"鬲自（师）"赏赐右史利，近人释"鬲自"为"管"，则克商之初，周人亦有军队驻屯在此，其地在洛邑之正东面。蔡叔封地，《史记集解·管蔡世家》引《世本》说"居上蔡"，杨宽据清人朱右曾说，谓"蔡叔所封的蔡，原来应该在祭，'祭''蔡'古音同通用。祭在今河南荥阳西北，正在管的西北，在敖山以南，靠近大河，是十分重要的战略要地"。则蔡叔所封，在洛邑之东偏北的沿河地带。至于霍叔之霍，《史记索隐·管蔡世家》："《春秋》闵元年晋灭霍。《地理志》河东彘县，霍太山在东北，是霍叔之所封。"然杨宽说，"霍叔所封的霍可能也离管、祭不远。《左传》哀公四年楚人'袭梁及霍'，杜注：'梁南有霍阳山。'在今河南临汝西南，可能霍叔封于此地。后来蔡叔后裔封于蔡，在今河南上蔡西；霍叔后裔封于霍，在今山西霍县西南；当是周公平定三监叛乱之后，徙往较远之地所致"。[①] 据杨氏之说，则霍叔初封之地，在今河南平顶山市汝州市境，其地今有名临汝镇者，当是其故址，亦在洛邑之南而偏于东。是知三叔初封之地，皆在洛邑附近。至于其为"三监"所居之地，见诸载籍者，互为正乏，樊然淆乱，无所折中。乃各在其封地以"监"之，抑或移其封地就近而"监"之，一概不得而知；书阙有间，亦未可悬揣。但即使谨守不知盖阙之义，我仍然疑心"三监"之说大为可疑。兹事容当后文再议，在此毋庸滋蔓。至于其他小国，如封于今之河南焦作西南的"雍"，以及封于今之河南济源西北的"原"诸国，皆为文王之庶子，或与武王关系较疏，故其国、地离东都稍远，其名亦湮没不彰，置之无论可也。

要而言之，武王初封之诸侯，非功臣即宗室，皆在洛邑周边地区，且不以大河为阻，其直接目的正在以"股肱心膂"之臣拱卫"天下之中"的"大邑洛"，从而"营成周以制东国"。由此而论，姬周王朝带有殖民倾向的诸侯分封制，与周武王以洛邑为"天下之中"的地缘政治观念相伴而生，这一说法，决然不至与史实相左。

其次，营建"天下之中"的洛邑，也是周人管控与利用殷遗多士与多方才士的政治手段与文化策略。此实为智力攫取之嚆矢，文化管控之先声，从而拉开了中国历代王朝控制与利用文人与文化的历史大幕，也永远成为中国这片土地上征服者向被征服者攫取智力与文化而后放弃自己的落后文明（此过程即所谓"汉化"）的历史保留剧目。《逸周书·度邑解》末段文字记武王对周公说：

---

① 杨宽：《战国史》，上海人民出版社 1999 年版，第 126 页。

呜呼，旦！我图夷兹殷，其惟依天室（室字原脱，依陆麟书说校补）。① 其有宪命（命原作今，从诸本校正），求兹无远。② 虑（诸本无虑字）天有求绎，相我不难。③ 自洛汭延于伊汭，居易（易原作阳，依《史记》校改）无固，其有夏之居。④ 我南望过于三涂，我北望过于「有」（《史记》无有字，当据删）岳鄙（原作丕，依卢文弨校改），顾（原作原，依卢文弨校改）瞻过于 [有]（有字原无，依王念孙说校补）河，宛瞻于伊洛，⑤ 无远天室。

这是周武王向周公旦交代"天室"的具体功能及其地理位置。有如下几点值得注意：

第一，"我图夷兹殷，其惟依天室"，是说打算把这些殷人迁徙到"天室"所在的地方。但此处尚有文外之旨，不可轻易滑过。"兹"为近指代词；"兹殷"即"这些殷人"。据此不难想见，周武王从殷都返回宗周，其时就已带领了一批"四国多方，殷侯尹民"随而前往丰镐。这也是之所以周公诰于宗周与诰于洛邑，前后两篇时隔三年的诰词，其

---

① 图，打算。夷，易也，迁徙之意。兹，此。殷，指殷遗之有才智者。其，乃也。惟，思也，与"图"字相照应。

② 其，若也。宪，悬法以示之。命，令也。宪命，犹言悬令，《庄子·外物》"饰小说以干县令"，"县令"即"悬令"。求，聚也。《管子·七法》"聚天下之精材"，《幼官》作"求天下之精材"，是其证。兹，兹殷也。

③ 求，索也，究也。绎，《说文》："抽丝也。"求绎，近义复词，犹今语考索、抽引、研求之意。相，助也。

④ 居，处也。易，平坦。原作阳。"陽"字止作"易"，与"易"形似，故先讹为"易"，再讹为"陽"。

⑤ 三涂，山名，在今河南嵩县西南。岳，太岳，在今山西霍州东南。宛，《说文》"屈草自覆也"，引申为回环低覆。

所诰之对象竟是同一批殷人的真正原因。而且亦不难想见，这些随武王而往宗周的殷人，必经严格挑选，并非无论何人皆有入住未来东都洛邑的资格，只有那些可堪利用的才能之士方得其便。这一点，下文将有详论，兹亦不赘。

第二，"其有宪命，求兹无远"，是说让他们集中居住，便于管理。《周礼·太宰》说，"正月之吉，始和布治于邦国都鄙，乃悬治象之法于象魏，使万民观治象，挟日而敛之"，是知古人发布政令，皆于城阙（"象魏"）悬挂"治法"或"治象"十天（"挟日"），而召集万民前往观看。这"悬治象之法于象魏"，就是武王所谓"宪命"之意。如前所述，"宪"与"显"，相通互用，"显服"与"宪命"，意义相近。因此，这两句的意思就是说，与其让他们按照原住民的样态自然分散各居异地，不如把他们集中起来聚居于"天室"。这样，朝廷若有政令需要对他们发布，就易于召集与传达，此即所谓"求之无远"。也就是说，把他们集中驱赶到城门口，及时观看悬挂在城墙上的政策与法令，就不会因住地过远而召集困难。因此，集中于洛邑居住，便于就近管理；周人这种对殷遗才智之士的具体管控措施，当然是周武王要在"天下之中"营建洛邑的次级重要目的。

第三，"虑天有求绎，相我不难"，其实，集中管控只是手段，有效利用才是目的。所谓"求绎"，本意为考求、研索、寻讨，引而申之，则有发明创造、有所兴作之义。道理十分简单，因为要发明创造或有所兴作，必事先有所研究，有所寻绎与考求。试以今人所谓"发明专利"必皆名之曰"科研成果"为说以讨寻"求绎"之义，则思过其半矣。因此，"天有求绎，相我不难"，意思就是说：如果考虑到老天爷要求我们周邦有所兴作，这些与研究和考求相关而需要智慧与才能的技术领域，有这些殷遗才智之士帮助我们，就不是什么难事了。当然，所谓兴作，既包括大型土木工程的设计与建造，也包括新型器物的发明与制作。由此可见，周武王要把这些殷遗才智之士聚居于洛邑，其真实目的，不外乎攫取与利用他们的智慧，借以弥补以农耕为生计的周人在科学知识与技术才能方面的先天不足。这样看来，武王还真有"知人则智，自知则明"的优长之处！

第四，"自洛汭延于伊汭，居易无固"，这是说从洛水汇河之处到伊水汇洛之处，其地理位置上的基本特点是地势平坦，无险可据。其言下之意，也就是用不着担心这些殷遗人士会因地形之险而心生变乱。即使偶有逃亡，也易于发现与拘捕。当然，如果真有大规模的叛乱发生，则"成周八师"也绝不是吃素的。不过，武王这种考虑是不是不愿意让这些才智之士有所流血与牺牲，不得而知。但周公对那些比较顽固的殷遗则是抓了又放，放了又抓，以宽大为怀的方式逐步感化与驯化，是有文献可稽的。

第五，"其有夏之居"，这是武王最为"吃紧"的话，颇可玩味，不得等闲放过。从字面上看，只是说这个地方曾经是夏人所居住过的地方，其实透露了周人根深柢固的，或者说是由来已久的，或者对于我们而言，更可以说是振古如兹的"夷夏之辨"的文化正统观念。"夏"之为言"雅"也；雅也者，正也。古雅、夏二字互相通用。且周人每自称为"有夏""区夏"，就是以文化之正统自居。《尚书·君奭》"惟文王尚克修和我有夏"，《尚书·康诰》"用肇造我区夏"，《尚书·立政》"乃伻我有夏式商受命"，今文《尚书》中这些篇目的相关文句，皆是其例。相反，周人则视商人为"夷人"，或者至少认为他们根本就是与夷人一伙的，因而终究不与诸夏同风。《逸周书·明堂解》"周公相武王以伐纣夷，定天下"，《左传》昭公二十四年引《太誓》"纣有亿兆夷人，离心离德"，《墨子·非命下》引《太誓》"纣夷之居而不肯事上帝"，皆是其证。徐中舒作《从古书中推测之殷周民族》，曾举四个方面的证据，认为"周人之视殷人为东方异族"。[①] 由此可见，周武王是立志要把这个"天下之中"的洛邑，打造成天下的文化中心，再铸夏人的辉煌，重居文明的正统，以传承"雅"而"正"的"文德"。周武王这个以洛邑传承文化正统的观念，一直为周人之子孙所秉承，《左传》昭公三十二年周敬王请晋人帮助城成周，仍然说"昔成王合诸侯，城成周以为东都，崇文德焉"，刘炫的注说"崇文德之教"，[②] 即是其例。当然，周武王这一"夷夏之辨"的文化正统观，亦开中国几千年以来"夷夏之大防""非我族类，其心必异"的思想先河。

最后，周武王说，他考察了"天下之中"的"天室"所宜之地。他向南方观望，其视线超过了三涂山，往北方观望，视线及于太岳山的脚下，左右回顾大河上下，最后收回视线把目光锁定在脚下的伊水与洛水交汇之处，觉得这个地方，离"天室"的位置最近。因此，将国家的

---

① 参见徐中舒：《从古书中推测之殷周民族》，《徐中舒历史论文选辑》，中华书局1998年版，第26—29页。亦可参见傅斯年：《夷夏东西说》，欧阳哲生主编：《傅斯年全集》第三卷，湖南教育出版社2003年版，第181—232页。

② 杜预注："作成周，迁殷民，以为京师之东都，所以崇文王之德。"孔颖达《正义》："刘炫以为崇文德之教而规杜，非也。"杜说"作成周，迁殷民，以为京师之东都"当然是正确的，但说"所以崇文王之德"，则未免器识不怎么远大。倒是孔氏以为不正确的刘炫反得经义。清人所撰《四库总目提要》所谓"孔疏左杜而右刘，是皆笃信专门之过"，其评判孔疏的是非观，也相当中肯。此处若合杜、刘二氏之说："作成周，迁殷民，以为京师之东都，所以崇文德之教也。"则实在很是契合武王"其有夏之居"的本意。

治理中心与文化中心安置在这个地方，具有十分重大的现实意义与深远的历史意义。

由此可见，周武王营洛的另一目的，是借殷遗的智慧与才能，把洛邑打造成周人传承华夏文明正统的文化中心，以弥补以农耕为生计的周人在技术创造方面的先天不足。而事实上，后来周公与召公主持营建洛邑，其最终付出智慧与劳役的，竟是周武王带到宗周而后又在营洛之前事先遣往洛邑建筑工地的那批殷人（这一点，下文将有详论，兹不赘述）。因此，《尚书·召诰》说"太保乃以庶殷攻位于洛汭"，又说"厥既命庶殷，庶殷丕作"，皆可为证。

总而言之，周武王"定天保，依天室"的治国理念，最终却落脚在"余其宅兹中或，自之乂民"的地缘政治，因而为了管控东土而营建洛邑，既通过殖民性质的诸侯分封，浇铸了以血缘关系为政治纽带的国家共同体，同时又通过"天下之中"的洛邑营建，将殷遗才智之士集中管控与有效利用，开创了借助国家体制攫取先朝遗民智慧的历史先例。尤其后者，影响至为深远。

第四章

裂土分封：

启以商政与疆以戎索

　　无论是诸侯的分封，还是殷遗的管控，既不是粗暴颟顸的，更不是一蹴而就的。周人开国初期，在落实这两件有关国家存亡祸福之制度设计的运作过程中，虽然有些意外与反复，出现过暂时的动荡与不安；但总体来说，是非常成功的。这既是他们通过走访遗贤，咨询故老而不耻下问的奔波劳累所换来的成果（私心以为，武王大抵也就是这么累死的），也是周人善于应对现实难题之政治智慧的表现。因其头绪较繁，非只言片语所能道，本章仅就裂土分封的具体运作方式，略作分梳。而有关殷遗管控与利用的具体做法，留待下文再议。

　　民国学者傅斯年作过一篇《周东封与殷遗民》的著名文章，其问题意识不外乎是说：商王朝作为一个有六百年历史与数千里疆域的大国，到周王朝天下事大定之后，除却一个区区二三百里的宋国，居然不闻商朝遗民尚别有什么部落保存，何以竟至亡得如此干净！按《逸周书·世俘解》的说法，殷人是被周人一批批地"憝"掉了，或者说是被"馘磿"以罄了。但傅氏认为，那不过是战国时人的幻想，按当时的生产力水平，也没有那么多的人口可供周人来"憝"来"馘磿"。因此，傅氏认为，其时殷人之所以销声匿迹，大概是因为在周人的"'臣妾之'之政策"下，苟延残喘，在毫无尊严与体面的境遇中但求不死而已。① 我们认为，傅氏的想法实在似是而非。因为他以宋元之际的范文虎、留梦炎及满清入关之后洪承畴、吴三桂之流既不光彩也相当屈辱的贰臣遭遇，来设想殷人在周人治下的悲惨处境，故而不免失之于理障。

事实上，周人所以采取裂土封疆的国家制度，除了上文所述的比较重要的积极因素之外，还有诸多不得已的苦衷；或者更确切地说，其中在很大程度上是与先朝遗民妥协以息天下之忿的结果。

据《史记·周本纪》所载，武王克商灭纣之后，"命召公释箕子之囚。命毕公释百姓之囚，表商容之闾。命南宫括散鹿台之财，发钜桥之粟，以振贫弱萌隶。命南宫括、史佚展九鼎保玉。命闳夭封比干之墓。命宗祝享祠于军。乃罢兵西归"。我们认为，武王所有这一连串的"命"，无非是向天下人递橄榄枝以示其好而已，他不希望与反对派或嫉妒者鱼死网破。在这些命令中，唯"命"清点财物的南宫括与书记员史佚"展九鼎保玉"，乍看似乎不太好理解。不过，若深究其意，这大抵是说，周武王把商朝王宫里收藏的那些宝贝圪塔只是拿出来轻轻地秀了一秀，再让史官登记造册然后物归原主，并没有要把它们全都搬走的打算。他要借此向天下人表明：虽然新造的"小邦周"还很贫穷，也比较落后，但自己绝非"毁其宗庙，迁其重器"之破坏欲与贪婪心过甚的粗鄙武夫（那秦末的项羽可没有这样的雅量，他一把火就让阿房宫化作灰烬，大抵是觉得带不回家罢），而这也正是周武王赚得后世历代遗民一族所纷纷点赞的一大亮点。

---

① 傅斯年：《周东封与殷遗民》，欧阳哲生主编：《傅斯年全集》第三卷，湖南教育出版社 2003 年版，第 239 — 240 页。

当然，尤其能体现周人的妥协姿态而息天下之忿的做法，则是武王对所谓"圣王"之后的"褒封"。《史记·周本纪》说："武王追思先圣王，乃褒封神农之后于焦，黄帝之后于祝，帝尧之后于蓟，帝舜之后于陈，大禹之后于杞。"《礼记·乐记》还说武王克商后到殷都朝歌，"未及下车而封黄帝之后于蓟，封帝尧之后于祝，封帝舜之后于陈。下车而封夏后氏之后于杞"。所封神农、黄帝、帝尧、大禹之后，皆不知何人，而黄帝之后与帝尧之后所封，二说又互易其地。传闻异辞，不足为怪，也无关乎宏旨。这些"圣王"之后，陈国与杞国尚有史迹可考，且至春秋战国之际，才为楚人所灭，其气脉也算是相当绵长了。司马迁为他们合写了一篇《陈杞世家》，说他们被认作虞舜之后或者夏后之后，都是周武王克殷之后从民间打探寻找出来的，所谓"求舜后，得妫满，封之于陈"，"求禹之后，得东楼公，封之于杞"，即是其事。又据《左传》襄公二十五年说，封于陈国的妫满，其实是民间一个瓦罐匠人的儿子，他不仅封得了陈国，还做了周武王的金龟婿，因而有了"以备三恪"的幸运。《左传》记郑人子产说，"昔虞阏父为周陶正，以服事我先王，我先王赖其利器用也，与其神明之后也，庸以元女大姬配胡公，而封诸陈，以备三恪"。显然，子产为了掩饰妫满的身份，竟至在时间上颠倒了老妫家先"封诸陈"而后"为周陶正"的因果次序，这种"为尊者（武王）讳"的说法，就像后世为了避讳，把帝王的名字都要故意缺笔写成错字一样，这种畸形的致敬方式，当然也不是不可以谅解的。不过"三恪"究竟何人，子产没有说。杜预注："周得天下，封夏、殷二王后，又封舜后，谓之恪，并二王后为三国。其礼转降，示敬而已，故曰三恪。"杜意是说，封舜后与夏、殷之后共为三国，是为

"三恪"。然而其所以名之曰"三恪"，"恪"也者，敬也。"其礼转降，示敬而已"，那意思是说："阁下虽然先前都有帝王家的阔绰，但现在只好委屈你们一下了，封给一小片土地，略表敬意而已，还须见谅。"这话说得真是漂亮，但也是驴粪蛋子外面光！既表示了施舍者自傲的谦卑，又表示对受施者貌视的尊重。可以说，杜预对这个"恪"字的理解，非常到位。

然而，武王所"褒封"的这些"圣王"之后，仅陈国与杞国腆颜奔走依违于大国之间，苟延残喘以至春秋之世，也好歹借了战国秦汉人的史笔，在柱下划了一点印痕。至于神农、黄帝、帝尧之后，皆于书传无闻。看来这些"先圣王"的后人，实在没有他们的先祖那么"神明"，所以在历史长河中就像大浪淘沙一样被一一淘掉了。然而，我们总忍不住想问：周人既是得了天下，且去兀自独享天下，岂不快哉！却又"褒封"这些草包似的"圣王"之后竟来无功受禄，其用心究竟何在？

仔细想来，大抵也没有什么别的原因，不过是象征性地把这些并不成器的名人之后打扮起来，陪着他老姬家一起站在历史的风口浪尖上，为自己不太光彩的阴谋逆取行径，多分几份"谤讟"而已。万一天下有个风吹草动，可以拿这些屠头柴火棒子当作挡风墙，多多少少还可以抵挡一阵子。这当然不是无稽的戏说与笑谈，试读《史记·伯夷列传》定当别有会心。

司马迁说：

伯夷、叔齐闻西伯昌善养老，盍往归焉。及至，西伯卒，武王载木主，号为文王，东伐纣。伯夷、叔齐叩马而谏，曰："父死不葬，爰及干戈，可谓孝乎？以臣弑君，可谓仁乎？"左右欲兵之。太公曰："此义人也。"扶而去之。武王已平殷乱，天下宗周，而伯夷、叔齐耻之，义不食周粟，隐于首阳山，采薇而食之。及饿且死，作歌。其辞曰："登彼西山兮，采其薇矣。以暴易暴兮，不知其非矣。神农、虞、夏，忽焉没兮，我安适归矣？于嗟徂兮，命之衰矣！"遂饿死于首阳山。[①]

看来，当时的社会舆论也的确对武王不太有利；因而我们丝毫不怀疑当时像伯夷与叔齐这样，看破了武王伐纣不仅是"以臣弑君"，更是"以暴易暴"而表示着强烈不满的有识之士，普天之下一定大有人在，[②] 比如那个因"西伯戡黎"而恐惧不安的祖伊若还活着，他绝对算一个！只是像伯夷与叔齐这两个迂腐倔强的老头儿这样瞀不畏死，敢于"叩马而谏"，控扯着武王的马笼头极力阻止大军出征，也的确比较少见。知乎此，则周武王之所以"褒封"这些所谓"圣王"之后，其真实意图也就昭然若揭了。

第一，为周人息天下之忿。

---

① 司马迁：《史记》卷六十一，中华书局 1982 年版，第 2123 页。

② 如前所述，武王伐纣，给后世留下了口实，而"汤武革命"与"以臣弑君"，也成为千古无解的历史悖论，以致最终要么流于实用主义的各取所需，或者搁置不予讨论。如《孟子·梁惠王下》载齐宣王认为"汤放桀，武王伐纣"乃是"以臣弑君"，于理不可。又《史记·儒林列传》载辕固生与黄生之争，涉及"高帝代秦即天子之位"的合法性，景帝说"食肉不食马肝，不为不知味；言学者无言汤武受命，不为愚"，于是"后学者莫敢明受命放杀"，则"武王伐纣"以建立政权的合理性与合法性问题，遂成为汉代学者的思想禁区。

第二，为自己分天下之"谤"。

第三，"褒封"这类草包人物，对于姬周家的江山社稷不可能构成任何威胁。

这真可谓"一举而三物获"，周人的用心不可谓不良苦，其智慧亦不可谓不狡黠！

在周武王"以备三恪"的"夏、殷二王后"的分封中，是否包括武庚禄父，不得而知。但周武王何以封商纣王之子，以致后来被认为给周人惹出了不小的乱子，也是招来后世物议分歧的话题，当然仍以"存亡继绝"褒扬周武王者居多，而清人顾炎武之说可为代表。

顾氏说：

武王伐商，杀纣而立其子武庚，宗庙不毁，社稷不迁，时殷未尝亡也。所以异乎曩日者，不朝诸侯，不有天下而已。故《书序》言："三监及淮夷叛，周公相成王，将黜殷，作《大诰》。"又言："成王既黜殷命，杀武庚。"是则殷之亡其天下也，在纣之自燔；而亡其国也，在武庚之见杀。盖武庚之存殷者，犹十有余年，使武庚不畔，则殷其不黜矣。

武王克商，天下大定，裂土奠国，乃不以其故都封周之臣，而仍以封武庚，降在侯国，而犹得守先人之故土。武王无富天下之心，而不以叛逆之事疑其子孙，所以异乎后世之篡弒其君者，于此可见矣。及武庚既畔，乃命微子启代殷，而必于宋焉，谓大火之祀，商人是因，弗迁其地也，是以知古圣王之征诛也，取天下而不取其国，诛其君，吊其民，而存先世之宗祀焉，斯已矣。（高诱《淮南子注》

曰：天子不灭国，诸侯不灭姓，古之政也。）武王岂不知商之臣民，其不愿为周者，皆故都之人，公族世家之所萃，流风善政之所存，一有不靖，易为摇动，而必以封其遗胤，盖不以畔逆疑其子孙，而明告万世以取天下者，无灭国之义也。故宋公朝周，则曰"臣"也；周人待之，则曰"客"也。自天下言之，则侯服于周也；自其国人言之，则以商之臣事商之君，无变于其初也。……盖自武庚诛而宋复封，于是商人晓然知武王、周公之心，而君臣上下各止其所，无复有怨怼不平之意；与后世之人主一战取人之国，而毁其宗庙、迁其重器者异矣。①

说"武庚之存殷者，犹十有余年"，当然是不正确的。武王之灭纣而封武庚，至周公平定管、蔡之乱而武庚禄父见杀，先后不到五年，云何十年之久！大抵顾氏以为，文王死后武王继立而改元，故而以《尚书·洪范》"惟十有三祀，王访于箕子"乃记武王在位之年。不过，顾氏之说，小疵而大醇，文约而旨丰；亦自有垒块，颇可玩索。

第一，顾氏说，"武王伐商"，既不毁其宗庙，亦不迁其社稷，而褒封武庚于殷，虽降在侯国，"而犹得守先人之故土"。武庚既灭，周人又命微子于宋，亦是因其故土之义。此皆为事实陈述而无所谓是非，但顾氏为明季遗民，有感而发，对周人自有首肯之意，且不乏激赏之情，都是可以理解的。

第二，殷商只亡其天下，而不亡其国。其所谓"国"，当然是指武

---

① 黄汝成：《日知录集释》卷二，岳麓书社1994年版，第50—51页。

王克商之后所封之国。察顾氏之意，无异乎说：假如商纣王兵败后没有自焚而死，也会与神农、黄帝、唐尧、虞舜、夏禹这些"先圣王"之后一样受到武王"褒封"，也能过上一份"有国者"较体面、有尊严的幸福平安的生活。而纣王既死，武王只好"褒封"其子武庚禄父"以守商祀"。这当然不是无端的揣度，《逸周书·作雒解》"武王克殷，乃立王子禄父，俾守商祀"，则信而有征。但如果因此便以为"武王无富天下之心"，则未免褒扬失实，而武王本人亦未必苟同而愿意笑纳。如前所述，武王之所以对所谓"先圣王"之后如此大加"褒封"，对武庚禄父之殷人亡国之余，亦如此大度慷慨，实有不得已的诸多苦衷，即使有"富天下之心"，也不敢有"富天下之行"。

第三，顾氏认为，武王、周公之心，是希望"君臣上下各止其所，无复有怨忿不平之意"，这是推想：周人之所以"褒封"诸"先圣王"之后，尤其是封商纣王之子，无非是为了息天下忿忿之心，杜世人悠悠之口；同时更希望他们在新的利益格局之下各安本分，既不要对周人心存更多的奢望，周人也不会无端地剥夺他们的既得利益，彼此和平共处，各自安享富贵。这个说法，当然非常正确，而且也极具洞察力。

第四，无论封武庚，抑或存微子，皆"以商之臣事商之君，无变于其初也"。顾氏这一说法，的确猜想到：周人的分封制并没有触动整个社会底层的组织结构；但他仅从君臣关系看待这一事实，则未达一间。我们认为，与其说"以商之臣事商之君"，不如说"以商为臣治商之民"更能得其实情。因为无论周人之所以"褒封"诸"圣王"之后，抑或封武庚继而存微子，其根本用意，只在让他们统其民萌，治其田土，各自生生，以其土地之所有，向周王朝输纳贡赋而已。

最后，尤其值得注意的是，顾氏又说，武王心知商之公族世家"易为摇动"，但仍然冒着反侧动荡的危险"以封其遗胤"，他认为这是周人心怀坦荡，与天下输诚，根本就不愿意怀疑商人之子孙会行"畔逆"之事，且更以封武庚禄父作自我标榜，明确告白于天下后世："取天下者，无灭国之义"。这一说法，实在是顾氏遗民情愫的结穴之处，乃借殷周之旧事，以纾当世之垒块，不免把武王脸上的脂粉涂得太厚，有悖于西周初年的历史事实。而且，顾氏虽然引用了《书序》"三监及淮夷叛"的文字，却又根本不议及"三监"之究为何物。显然，这是因为：其事有碍于他自己的既定思想，避开了。

当然，平心而论，武王果若既封武庚，又设"三监"，确乎不免矛盾自陷之嫌。毋庸讳言，武王所以封武庚，不外乎两个原因：第一，以殷人治殷民；第二，安抚殷人王族的抵触情绪。就当时的历史情势，这的确是周人的当务之急。尤其是殷人王族，对于周人来说，也实在是一块烫手的山芋。但用人不可疑，疑人不可用；既疑而用，当然会激而生变。由此而论，顾氏"不以畔逆疑其子孙"之说，在一定程度上当然是有道理的。因为无论就上述封王子禄父的两个原因的任何一个而论，既因抚循利用其人而已封之，又因戒备怀疑其人而置"三监"以监之，既不合其情理，亦不合其时宜，则其为人也，亦颇有反复无恒、取予不定之嫌。但《逸周书·作雒解》却又明白地说，"建管叔于东，建蔡叔、霍叔于殷，俾监殷臣"，《史记·周本纪》也说，"武王为殷初定未集，乃使其弟管叔鲜、蔡叔度相禄父治殷"，由此以观，说武王对武庚禄父全无戒心，似乎也是完全说不过去的。

然而，问题在于：有关"三监"的史实真相，并没有更加原始的史料记载，相关说法都是出于后世"宁可信其有，不可信其无"的猜测心理，加之又有"说有易，说无难"的言说戒律存乎其间，从而导致众说纷纭，却又疑窦大启，治丝益棼。因此，有关"三监"之说，便成了一笔名副其实的糊涂账。

《逸周书·作雒解》说，"建管叔于东，建蔡叔、霍叔于殷，俾监殷臣"。这是说"建"三叔以"监殷臣"，但所谓"殷"与"东"之地理位置究竟在何处，却不得其说。《汉书·地理志》论魏地之分野又说，"周既灭殷，分其畿内为三国，《诗风》邶、庸、卫国是也。邶，以封纣子武庚；庸，管叔尹之；卫，蔡叔尹之，以监殷民，谓之三监"。这是说"以监殷民"，且武庚也是担任"三监"的成员之一，却又并无霍叔。郑玄《诗谱·邶鄘卫谱》说，"周武王伐纣，以其京师封纣子武庚为殷后，庶殷顽民被纣化日久，未可以建诸侯，乃三分其地，置三监，使管叔、蔡叔、霍叔尹而教之。自纣城而北谓之邶，南谓之鄘，东谓之卫"，则郑氏之意亦是"监殷民"而不是"监殷臣"，又认为此地不可以"建诸侯"而独可以"置三监"以"教"其民，其说矛盾自陷而不自知其非；也不说三叔究竟各居何地以行其"教"民之责。而《史记正义·周本纪》引皇甫谧《帝王世纪》又说，"自殷都以东为卫，管叔监之；殷都以西为鄘，蔡叔监之，殷都以北为邶，霍叔监之；是为三监"，则"鄘"之地，又由高密所言之"南"一变而为安定所指之"西"了。是皇甫氏之说，又与郑氏不同。至清人孙诒让又有非常可怪之论，其《周书斠补》说，"监虽有三，约举其所治之地则惟二，殷与东是也。举其人则有四，武庚、管叔、蔡叔为正；霍叔相武庚为副。同为监，故总云'俾监殷臣'，明四人皆得称监也"，其欲弥缝前人各种抵牾与矛盾，乃按往旧造说，竟一至如此！由此可见，有关"三监"之说，可谓樊然淆乱，莫可究诘。①

我们认为，有关"三监"的纷纭众说，皆是捕风捉影的无稽之谈。周武王之封纣子武庚于殷都旧地，以当时情理及时势而论，都不可能有公然"置监"之事。不过，武王虽未公然"置监"，却并不等于说他对武庚禄父就毫无戒备之心。而《史记·周本纪》所谓"使其弟管叔鲜、蔡叔度相禄父治殷"，其说最为平允而得其实。认真揣摩史公这话，其实意思非常明白：封武庚之后，周武王在大庭广众之中对武庚十分关切地说："有什么困难，就请孤的管、蔡二弟帮助你罢！"这无非是冠冕堂皇的台面话，其私下大可能又叮嘱管、蔡二叔在暗中密切注视武庚的动向。当然，或者管叔主动要求作监而得武王默许，也未必不可能，《逸周书·大匡解》说，"惟十有三祀，王在管，管叔自作殷之监"，也许更近于事实。总而言之，"三监"之说，不过是周人作为内部口头传达的指示精神，既不会形成正式文诰宣示于四方，更不可能公然到稠人广众之中去大放厥词。然而武庚禄父也不是傻瓜，锣鼓听声，说话听音，对武王那台面话的意思，当然心照不宣。双方的猜忌与戒备之心，当然是不可能因为"褒封"与"被褒封"就风吹云散，雪落无痕。由此可见，所谓"三监"之说，确乎事出有因，而查无实据。且如前所述，管叔、蔡叔与霍叔的封地，皆在远离殷人旧都的洛邑附近，这确乎是武

---

① 有关"三监"，近人杨宽亦有说，参见杨宽：《战国史》，上海人民出版社1999年版，第128—134页。又，清人顾炎武《日知录》卷三"邶鄘卫"条、王引之《经义述闻》卷三"三监"条，皆有专论；孙诒让《周书斠补》卷二《作雒解斠补》除驳王引之说外，别附《邶鄘卫考》。诸氏搜罗前人遗说，比较详备，可资参证。

王没有公开对武庚"置监"的明证。至于孙诒让说霍叔乃"与武庚同居于鄁"，犹以其人乃是周家派往武庚身边的卧底，必定监视武庚的一举一动，仿佛鬼瞰狐听以至于武庚某夜与某妃睡觉都会向周人发报，更是自我作古，可发一哂，尤其毋须置辨。近世常凯申命戴雨农设置军统特务机关，是否受惠于孙氏的《周书斠补》，不得而知。

至于因为后来发生了所谓"武庚管蔡之乱"，以致史家乃以"三监导禄父之叛"为定谳，这是对史料与史实没有认真审查的错误说法。事实上，管蔡之乱，是出于周人内部的猜忌；而武庚的反侧生变，则是武庚对形势发生了误判。其性质与动机各不相同，不能混为一谈。且武庚反侧与管蔡生乱之性质不同，西汉初年传授今文《尚书》的故秦博士伏生早已有所察觉。伏生《尚书大传》说：

> 武王杀纣而继公子禄父，使管叔、蔡叔、霍叔监禄父。武王死，成王幼，周公盛养成王，使召公奭为傅，周公身听天下之政。管叔、蔡叔疑周公，流言于国曰："公将不利于王。"奄君蒲姑谓禄父曰："武王既死矣，今王尚幼，周公见疑矣。此百世一时也。请举事。"然后禄父及三监叛矣。[1] 奄君导之。[2]

---

[1]　马骕：《绎史》卷二十二，上海古籍出版社 1993 年版，第 304 页。

[2]　郑玄《邶鄘卫谱》"三监导武庚叛，成王既黜殷命，杀武庚，复伐三监"，孔颖达《正义》："《书传》曰：'使管叔、蔡叔监禄父，武王死，成王幼，管、蔡疑周公而流言，奄君蒲姑谓禄父曰："武王既死矣，成王尚幼矣，周公见疑矣，此百世之时也，请举事！"然后禄父及三监叛，奄君导之。'禄父遂与三监叛，则三监亦导之矣。故《左传》曰'管蔡启商，惎间王室'是也。"（孔颖达：《毛诗正义》卷二，中华书局 2009 年影印阮元校刻《十三经注疏》本，第 622 页）是孔氏所引《尚书大传》与马骕所引稍异，兹据孔颖达所引，补末四字。

这段文字，显然是伏生对《尚书·金縢》"武王既丧，管叔及其群弟乃流言于国，曰：公将不利于孺子"所作的资料补充。所可注意者，有如下二点：

其一，所谓"公将不利于孺子"，乃管、蔡及群弟怀疑周公有"兄终弟及"之嫌。而管叔之所以最先发难，是因为管叔鲜于武王同母弟中最为年长，而周公旦次之。[①]倘若按"兄终弟及"的游戏规则实行权力交接，那么依长幼之序则登王位大宝者，当是他管叔鲜而不应是周公旦。因为猜忌与嫉妒，权力欲熏心，致使管叔鲜同室操戈，铤而走险，又胁迫蔡叔与霍叔犯难蹈逆。职是之故，周人在事后的处理，是将他们三人区别对待的：杀管叔而流放蔡叔，却赦免了霍叔。《左传》昭公元年郑人游吉说"周公杀管叔而蔡蔡叔"，杜预注："蔡，放也"。郑玄则说"赦霍叔"。[②]即是其证。

其二，武庚之叛，乃受殷商旧时诸侯奄君所蛊惑，也由于他对当时局势发生误判所致。《逸周书·作雒解》说，"武王既归，成岁十二月崩镐，𣩡予岐周。周公立，相天子，三叔及殷东、徐奄及熊盈以畔（原作略，依汪中校改）"，[③]三叔之殷东，乃周人内部同室操戈；而徐奄之熊盈，乃殷商旧时诸侯，一帮乌合之众。两股势力，各有打算；虽同是挥戈杀向西土，但既不可能同心，亦不可能同德。而且事实上，最

---

① 《孟子·公孙丑下》："周公，弟也；管叔，兄也。"《史记·管蔡世家》："武王同母兄弟十人。其长子曰伯邑考，次曰武王发，次曰管叔鲜，次曰周公旦。"
② 孔颖达《毛诗正义》卷二："《书叙》唯言伐管叔、蔡叔，不言霍叔者，郑云：'盖赦之也。'"见中华书局 2009 年影印阮元校刻《十三经注疏》本，第 622 页。
③ 《逸周书·作雒解》"建管叔于东，建蔡叔、霍叔于殷，俾监殷臣"，则"三叔"即为"殷东"，言"三叔及殷东"，乃以"三叔"举其人而以"殷东"举其地；言"徐奄及熊盈"，乃以"徐奄"举其地，而以"熊盈"举其人，文法如此。

后也被周公各个击破，很快就被一一剿灭了。而《左传》定公四年卫人祝佗所谓"管蔡启商，惎间王室"，杜预注："惎，毒也。周公摄政，管叔、蔡叔开道纣子禄父以毒乱王室。"杜解"启商"为"开道纣子禄父"，其意是说，管叔与蔡叔因疑心周公而操戈王室以首发难端，起了非常恶劣的带头作用，因而纣子禄父也就马上跟进，妄图复辟，另立殷人的新统绪了。这样理解，才是卫人祝佗的本意。祝佗并不是说，管蔡二叔与禄父乃至徐奄相互勾结，串通一气而密谋颠覆周人自己的宗国。而伏生所谓"禄父及三监叛"，也不过是陈述两股叛乱先后发生的事实。其意也是说，禄父之叛，乃乘"三监"之叛而叛之，且其叛实为"奄君导之"，而不说"三监导之"，即是其证。至司马迁作《管蔡世家》乃说"管叔、蔡叔疑周公之为不利于成王，乃挟武庚以作乱"，则史迁误读《左氏》与《周书》乃至《大传》之文，臆为之说，不可为典要。《尚书大传》说"周公摄政，一年救乱，二年伐殷，三年践奄"，[①]据此，则是首先平定管蔡之乱，因其患在腹心；其次讨伐武庚之叛，因其芒刺在背；再次则翦除奄君，不过宫墙外面的蒺藜耳。由此可见，周人对管蔡的平定与武庚的讨伐乃至对奄君的惩处，也是在不同时期而分轻重缓急以区别对待的；而且，既然可以如此分期处置，也说明这三股势力并没有合流。如果真所谓"管蔡挟武庚以作乱"再加上徐奄之地叛军汇入，三股力量联合攻打宗周，则周公的讨伐与平定，恐怕就没那么顺利了。《尚书大传》解"践奄"之"践"说，"践之者，籍之也。籍

---

① 魏征：《隋书》卷四十二，中华书局1973年版，第1195页。

之谓杀其身，执其家，潴其宫"，①可见对煽启首恶而妄动干戈的奄君，处罚极其严厉。本人被杀了，家人也抓了，房室推倒了犹不解恨，还放上水来淹了！这"践"或"籍"的意思，就相当于说，把他打翻在地，再踏上一只脚，叫他永世不得翻身！

综上所述，所谓"三监"既子虚乌有，而"管蔡挟武庚而叛"，其说亦与史实大不相符。近人杨宽甚至认为，"武王所推行的以三监为主的分封制"，"并没有取得预期的成效"，②把管蔡之乱与武庚之叛不分青红皂白地混为一谈，又将二者归咎于周代的分封制，尤其错误。殊不知，武庚之封，势在必然；管蔡之乱，纯属偶然；皆无关乎周初分封制的成败得失，亦不足以伤及周初分封制的半根毫毛。假定武王再活十年，没有周公摄政之事，则管蔡之乱不会发生；武庚之叛亦无由而作。此擎经考史者所不可不知也，故略作辨析，以祛千年之梦梦。

然而，周人的诸侯分封制，其封国内部的社会性质及其治理方式，究竟有什么特点，这是本文所要探讨的重要问题。依照傅斯年作《周东封与殷遗民》之前的想法，似乎殷周鼎革，就好像应该是"高岸为谷，深谷为陵"那样天翻地覆、山呼海啸的社会运动，而诸侯分封也是对社会底层之组织结构的深度撕裂，从而殷商民庶旧有的生活方式也会遭到严重变乱，从此殷商民人也就无条件地被"臣妾之"因而生活在水深火热之中了。不过，傅氏以其客观审慎的学术态度，通过对鲁、卫、齐三个封国之某些历史事象的考察，发现实际情况原来并非如他想象的那么

---

① 孔颖达：《毛诗正义》卷八，中华书局 2009 年影印阮元校刻《十三经注疏》本，第850 页。

② 杨宽：《战国史》，上海人民出版社 1999 年版，第 134 页。

惨烈。恰恰相反，他还认为《论语·先进篇》记孔子说"先进于礼乐，野人也；后进于礼乐，君子也。如用之，则吾从先进"，其所谓"先进于礼乐"的"野人"，乃是文明开化的乡下人，"自然是殷遗"；而"后进于礼乐"的"君子"，乃是"后开化的上等人"，他们却是来自宗周的统治者，因为与殷人长期相处从而有所习染才进入了礼乐文明的开化状态。而且，尤其是商人的宗教，对齐鲁两国的思想文化建设也起到了极为深远的影响："商之宗教，其祖先崇拜在鲁犹发展而为儒学，其自然崇拜在齐独发展而为五行方士，各得一体，派衍有自。"傅氏虽然只是举其宏纲，撮其大要，对这些问题并没有来得及做更加深入系统的研究，不过仅以二三具体事象略示其例而已；但他认为，周人之东封"是一种殖民地政策，虽取其统治权，而仍其旧来礼俗"，[1]这一说法，是颇有见地的；对于我们的问题而言，确乎不乏启迪之功。

我们认为，西周开国初年的分封制，既没有破坏殷商社会底层的组织结构，也没有改变殷人旧有的风俗习惯，而是采取"不择民而治"的殖民方式，以因循抚恤的宽容态度，利用殷人底层社会的宗族组织行使其家族内部的自我治理。这就是《左传》定公四年所载卫人祝佗之所谓"启以商政，疆以周索""启以夏政，疆以戎索"的治理方法。

祝子鱼说：

> 昔武王克商，成王定之，选建明德，以藩屏周。故周公相王室，以尹天下，于周为睦。分鲁公以大路大旂，夏后氏之璜，封父之繁

---

① 傅斯年：《周东封与殷遗民》，欧阳哲生主编：《傅斯年全集》第三卷，湖南教育出版社 2003 年版，第 244 — 245 页。

弱；殷民六族：条氏、徐氏、萧氏、索氏、长勺氏、尾勺氏，使帅其宗氏，辑其分族，将其类醜，以法则周公，用即命于周。是使之职事于鲁，以昭周公之明德。分之土田陪敦，祝宗卜史，备物典策，官司彝器。因商奄之民，命以《伯禽》，而封于少皞之虚。分康叔以大路少帛，綪茷旃旌，大吕；殷民七族，陶氏、施氏、繁氏、锜氏、樊氏、饥氏、终葵氏，封畛土略，自武父以南及圃田之北竟，取于有阎之土，以共王职。取于相土之东都，以会王之东蒐。聃季授土，陶叔授民。命以《康诰》，而封于殷虚。皆启以商政，疆以周索。分唐叔以大路，密须之鼓，阙巩、沽洗，怀姓九宗，职官五正。命以《唐诰》，而封于夏虚，启以夏政，疆以戎索。①

鲁公伯禽、卫康叔封以及晋国唐叔虞的分封，除却每人分得了象征其身份与等级的车马及其徽帜之外，还分得了一些具有某种观赏价值的古董宝贝和钟鼓乐器之类的收藏品，大抵是周人用来"华国"而展现文化底气的镇国宝器，意在告诉这些文化发达地区的士绅与民人，我们西土周邦也是有文化的文明人。当然，也免不了还要从宗周带走一批文职官员以及常用的宗庙祭器。因为这些"祝宗卜史，备物典策，官司彝器"以及"职官五正"，当然都是维持其时政府日常运转的必要人手及其基本设施。②以派驻政府机构的方式统治其原生居民，这是典型的殖民治理模式。

① 孔颖达：《春秋左传正义》卷五十四，中华书局 2009 年影印阮元校刻《十三经注疏》本，第 4635 — 4637 页。

② "土田陪敦"，则并非由宗周带到鲁地者。孙诒让《古籀余论》据"召伯虎敦第二器"之"仆庸土田"释为"土田附庸"；"陪敦"即"附庸"之假借（籀经楼校本《古籀余论》卷中，光绪癸卯（1903 年）六月刊本，第二十一页）。则"土田陪敦"是说划出某处土田作为鲁之附庸，或分宗周某地以为鲁之朝宿邑，皆不能明。则不知盖阙可矣。

然而，根据祝佗之所言，周人带有殖民性质的这种诸侯分封制，在社会治理方面有几个明显的特点是值得我们注意的，或者也竟可以说，这些治理特点，与周人"褒封"所谓"先圣王"之后以及封武庚于殷而继微子于宋一样，都是具有同样的目的性的。二者之间，实在是如同人体之骨骼与其丰肉的关系。兹略作分梳如次：

其一，所封之国的土地与民人，皆为就地分封，没有采取远距离的移民大迁徙方式，扰乱社会既有秩序。鲁公伯禽由原来初封的成周附近移封于"少皞之虚"，在今之曲阜，其地原来的土著族群为商奄部落，故"因商奄之民"而分之以"殷民六族"。卫康叔向东土的移封之地，乃殷人王畿故地，卫与殷本为一声之转，[①] 即原为武庚禄父所封而治"殷余民"之地。武庚之叛被平定之后，尽以其地封于康叔，故其所分为"殷民七族"。鲁、卫所封皆殷商旧族，所以说"启以商政，疆以周索"。至于唐叔虞所封之地，在今山西之南，所以分得"怀姓九宗"。王国维《鬼方考》以为"怀"即"媿"。[②] 陈梦家进而补充说，"槐和櫰、瑰和瓌、餽和馈，古可通用，所以隤、隗、媿、懷都是鬼姓"，而"武王封唐叔于夏虚分之怀姓九宗，则鬼方在晋南"。[③] 据此，则唐叔虞所封之地，乃旧时鬼方戎狄聚居之处，故而"启以夏政，疆以戎索"。由此可见，周人的诸侯分封，其所授之"土"与所授之"民"，皆在所封之地。因其民而就地治理，这正是周人分封制之殖民性质的具体体现。近人以

---

① 刘师培说，"古字殷隐衣韋互相通用"，"殷即韋字之借文"，"康叔封衞，盖由韋转殷，复由殷转韋，衞乃韋字之异文"。见刘师培：《左盦外集》卷七，《刘申叔遗书（下）》，凤凰出版社1997年版，第1464—1465页。
② 王国维：《观堂集林》第二册，中华书局1959年版，第590页。
③ 陈梦家：《殷虚卜辞综述》，中华书局1988年版，第275页。

为，"西周初分鲁公以殷民六族以职事于鲁，这些殷民是带着他们原有的宗族和类醜（即奴隶）去的"，①这是对"授土""授民"的误解，颠倒了事实，是很不正确的。如果说鲁国的"殷民六族"是从别的地方带去的，那么卫国的"殷民七族"又是从哪儿带来的呢？可见，鲁国的"殷民六族"，实际上就是当地的"商奄之民"，这是无可怀疑的。更不用说，今天的鲁南和豫东，本来就是盘庚由奄迁殷之前商人活动的中心故地了。②

其二，"封畛土略"，杜预注："畛，涂所径也。略，界也。"意思是说，利用现有道路与明显的地理标志给所封之国划定疆界。"自武父以南及圃田之北竟"，这是卫国的具体疆界，因而杜预注说："武父，卫北界。圃田，郑薮名。"因边界过于具体，"武父"在今之何地，不能确指，故杜氏只能以大致方位为说。而且，所谓"聃季授土"与"陶叔授民"，也只是说，在此疆界之内将其民人与其土地互相依附一并"授"与，并非强行剥离其土地与民人，先由"聃季授土"再由"陶叔授民"。因此，《尚书大传》说，武王克商，"皇皇若天下之未定"，周公为武王建言说，"臣闻之也：各安其宅，各田其田，毋故毋私，惟仁之亲"，武王接受了周公的建议，并且说，"旷乎若天下已定矣"。③此

---

① 陈梦家：《殷虚卜辞综述》，中华书局1988年版，第619页。

② 《宜侯夨毁》记周康王据地图徙封虞侯夨为宜侯之事。铭文说："唯四月，辰在丁未，王省武王、成王伐商图，征（诞）省东或（国）图，……王令（命）虞（虎）侯夨曰：郡（？）侯于宜……赐土：厥川（甽）三百□，厥□百又卅，厥宅邑卅又五，厥□百又卌（四十），赐在宜王人十又七生（姓），赐奠（甸）七伯，厥庐□又五十夫，赐宜庶人六百又□六夫，宜侯夨扬王休，乍（作）虞（虎）公父丁尊彝。"此所谓"赐在宜王人"以及"赐宜庶人"等，皆为"宜"地之人；则其甽、庐与宅邑等，亦皆在"宜"地从而可知。足证祝佗所谓"殷民六族""殷民七族"及"怀姓九宗"，皆为当地之民，而非迁自他处者。

③ 皮锡瑞：《尚书大传疏证》卷三，《续修四库全书》第五十五册，上海古籍出版社2002年版，第740页。

外，《说苑·贵德篇》亦有类似说法，其大意从同，兹不备引。[1] 则所谓"各安其宅，各田其田"，就是保持其土地与民人相互依属的固有关系，而不是把土地上的民人与其田宅相互剥离，从而打乱了既有生产关系。

其三，周人的分封制，并没有改变基层旧有的社会组织结构。"使帅其宗氏，辑其分族，将其类丑"，就是让各个家族的族长与宗人自己管理自己的家族与宗族，大宗统领各个小宗，而大小宗的所有族众又各自属其本宗本族所统领，没有一个宗族成员可以游离于本宗与本族之外。也因此，诸侯的封国内仍然是推行当地家族的自治制度，并没有触动社会基层的组织结构。《尚书·梓材》记周公告诫康叔说，"封，以厥庶民暨厥臣达大家，以厥臣达王惟邦君，汝若恒"，意思就是说，从庶民到家臣以至大家族，再从邦君之臣到小邦之君与大邦之王，各自安其常态，保持旧有秩序。如前所述，康叔所封之卫国，是殷商王畿之地，旧时达官豪族巨室多聚居于此，且如孟子所说，"纣之去武丁未久也，其故家遗俗，流风善政，犹有存者"（《孟子·公孙丑上》）。因此周公告诫康叔，无须斫破卫国殷邦之旧有社会格局，勿使妹邦人心扰动不安。而且其所以如此，亦如孟子所言，"为政不难，不得罪于巨室，巨室之所慕，一国慕之；一国之所慕，天下慕之。故沛然德教，溢乎四海"（《孟子·离娄上》）。殷商旧时世家巨室，拥有其时先进的文化与当代文明，可以引领时代风尚与社会进步，此之所以孔子才有所谓"先进于礼乐"与"后进于礼乐"之说。由此可见，诸侯封国之内，继续维持着邦君宗族的自治体系，而无须改变恒常旧有的社会组织结构，这就

---

① 　向宗鲁：《说苑校证》卷五，中华书局 1987 年版，第 99 页。

是周公之所以采取"汝若恒"的治理策略所具有的根本意义与基本目标。然而，这种乡绅自治的社会治理格局，虽然历代略有异同，但基本的社会格局并没有多大改变，竟也一直沿续到中国共产党所领导的新中国的成立。不过，顺便说一句，这种乡绅自治的基本社会格局也是中国传统儒学之所以能够保存数千年而不替的社会土壤，一旦改变了这个基本的社会土壤结构，儒学也就难以为继而生存维艰了，同时国民教化也因此而必须寻求新的思想与方法。

其四，由于诸侯分封的殖民性质，仅只派驻政府治理机构，因而并无须改变各地民人的方俗习惯，所谓"启以商政，疆以周索"以及"启以夏政，疆以戎索"，即是其义。杜预注说："居殷故地，因其风俗，开用其政，疆理土地，以周法。索，法也。"又说："太原近戎而寒，不与中国同，故自以戎法。"孔颖达说："索之为法，相传训耳。"[1]如前所述，周人分封，并没有改变旧有的生产关系，则"疆以周索"及"疆以戎索"之"疆"，不可以解为"疆理土地"。而且"疆"既以"政"言，则其音义当与"缰"或"韁""彊"相通，[2]犹如今语所谓"维系"或"规范"之意；而"索"之所以训"法"，亦由"绳索"之义引申而来，则此"疆""索"二字乃是取"缰绳"为比喻意义因而互相搭配为用，其意乃"以周人的习惯加以规范"或者"以戎人的习惯加以维系"。之所以不直接用"法"而用"索"字，确乎应当仔细体会，不可

---

① 孔颖达：《春秋左传正义》卷五十四，中华书局 2009 年影印阮元校刻《十三经注疏》本，第 4636—4637 页。

② 刘熙《释名·释车》："韁，疆也。系之使不得出疆限也。"《说文》："缰，马绁也"，段玉裁注引《释名》曰："韁，疆也。系之使不得出疆限也。"是"疆"与"韁""彊""缰"皆音同通用之证。

用抽象的能指遮蔽了具象的所指。从"启以夏政，疆以戎索"来看，或者由于以"夏政"为主的"怀姓九宗"，与以"商政"为主的"殷民六族"或"殷民七族"，在风俗习惯上，乃至在具体的家族自治方式上均有所不同；因此在周人的封国内，既要沿续商人与夏人的宗族治理格局，也要利用周人与戎人的风俗习惯加以维系与规范。也就是说，周人与商人，夏人与戎人，其各自的风俗习惯，都可以在邦国之内同时并行而两不相妨。《尚书·酒诰》载周公要求康叔在妹邦颁行周文王在西土开国时的禁酒令，就是极好的证明。周公说，"明大命于妹邦，乃穆考文王肇国在西土，厥诰毖庶邦庶士越少正御事，朝夕曰祀兹酒"，但在下文又特别提醒告诫康叔说，"妹土嗣尔，股肱纯其艺黍稷，奔走事厥考厥长，肇牵车牛远服贾，用孝养厥父母，厥父母庆，自洗腆，致用酒"，也就是说，对于妹乡也就是殷邦旧地的原住民来说，无须向他们推行周人的禁酒法案，他们不妨可以继续饮酒。因为这些原住民，有的务农，有的经商，在自家的酒宴上与父母兄长行孝悌之敬，自有其风俗习惯。如果强行改变这些故家旧俗的日常生活方式，不仅要付出无可估量的行政代价，而且还更可能会激起民怨。也就是说，禁酒令只推行于政府官员，而不强行于殷商故地的原住居民。而且，政府官员中，周人与殷人犯了酒禁，也应该区别对待。周人犯禁，则押赴宗周，格杀勿论；殷人嗜酒，则首先教育开导，如果怙恶不悛，屡教不改，则视同周人而杀之。[①] 这就是"启以商政，疆以周索"的真正意涵；至于"启以夏政，疆以戎索"，则亦可想见其义。知乎此，则《左传》定公六年

---

① 参见拙著《尚书释读·酒诰》之相关"释读""绎文"以及该篇"后案"。亦可参读拙作《〈尚书·酒诰〉绎文》，《光明日报·国学版》2016 年 2 月 22 日。

阳虎"盟公及三桓于周社，盟国人于亳社"的根本原因，也就不难理解了。"亳社"作为一种文化象征，代表着殷人的风俗习惯及其文化心理，鲁国都城中的"国人"当即"殷民六族"之"类丑"，[①]而"盟国人于亳社"，也就是保存与尊重殷人的风俗。这就如同保存与尊重他们的饮酒风俗一样，因而"亳社"直至春秋之末依然存在。中国人历史悠久而传承至今的酒文化，大抵与周人保存殷人风俗乃至与殷人趋同不无关系。但是，既然可以分别"盟公及三桓于周社，盟国人于亳社"，则周人与商人的风俗习惯在鲁国两相并行而不悖，当是无可怀疑的。

综上所述，周人开国之初，之所以毫不吝啬地"褒封"那些"先圣王"之后，以及封武庚禄父"俾守商祀"乃至后来继微子于宋地，实在与其权力逆取的建政方式具有密切的因果关联。而且，无论是诸侯分封的基本国策，还是殖民性质的管控形式，都没有打破殷商时代旧有的社会格局，从而保留了既有的生产关系，避免了伤筋动骨式的乾坤大挪移从而激化族群矛盾，导致社会动荡不安。因此，西周开国之初，虽然也发生过"管蔡之乱"与"武庚之叛"等由于历史的偶然因素所造成的短期社会动荡，但整个社会秩序很快就稳定下来，社会生产力没有因为政权的更迭而受到剧烈的破坏，平民百姓的社会生活也没有受到任何政治冲击。职是之故，为时不久，周王朝便立刻迎来了成康盛世而号称"刑措四十年不用"的黄金时代。

---

① "类丑"泛指大宗（"宗氏"）与小宗（"分族"）之所有宗族成员，其身份是"国人"，并非"奴隶"。现代学者以为殷商西周的社会性质乃奴隶社会，故有是说。

第五章

士的徽号：

殷献民与百宗工

周人之所以自古公亶父迁居岐山以来，发展如此迅速，到武王之时，其人不过四代，其时未及百年，尤其在文武两代短期之内便崛起于西土而逆袭成功，一举取代了殷商王朝，大抵与周文王善于利用异邦优秀人士不无关系。据《史记·周本纪》所载，周文王一方面继承周人的农耕传统，发展国家实力，另一方面也没有忘记先辈的历史宿愤，冀有雪耻之日。为此，他不遗余力地招徕人才，"礼下贤者，日中不暇食以待士"，而"士以此多归之"。据说，伯夷、叔齐就是这个时期慕名来到周邦的异国人士。此外，陆续还有"太颠、闳夭、散宜生、鬻子、辛甲大夫之徒皆往归之"。

武王克商之后，也继续奉行周文王这一人才战略，有计划、有目标地搜罗招揽胜国人士，为新建的周邦效力。他在诛纣立武庚之后，便就地发表了一篇旨在征用人才而迁徙殷遗的演说，即《逸周书》的《商誓解》。清人庄述祖说，"商誓者，武王胜殷，诛纣立武庚，戒殷之庶邦庶士庶民也"，"武王以止杀为功，盟津之会、牧野之师，诛一夫而已，商之百姓无罪焉。纣既死，不追罪也。而立之后，复其旧，官人、庶民各安攸处，侯甸男卫无改旧封"。庄氏对《商誓解》之旨，既了解得不够深入全面，也不无跳脱原文而自作解人之弊。如"官人、庶民各安攸处"，则纯属误解；"侯甸男卫无改旧封"，亦非本篇之旨。且庄氏之所谓"庶民"，也与武王所呼的"献民"，并不是同一个概念，二者不能互相替代。

事实上，《商誓解》是一篇颇有理论深度与政治智慧的演讲辞，其旨趣之宏放，非粗读浅尝所能测；其用语生新灵动，义蕴之丰赡，情理之芜茂，足以体现周武王并非一介武夫而具有相当高超的演说技巧。兹董理其意绪，略发三端：

第一，强调周人对于人类社会所做的伟大贡献，消除殷人对周人逆袭行为的鄙夷之心。武王说，"在昔后稷，惟上帝之言，克播百谷，登禹之绩"。意思是说，他们周人的始祖后稷，是根据上帝的指令，依靠发明谷物种植从而走到历史前台的；早在帝尧的时代，后稷便创造了可与大禹平治水土并驾齐驱的历史功绩。周武王还巧妙地创造了"后稷之元谷"这个概念，以突出周人之于谷物种植的发明权。事实也是如此：周人始祖后稷发明了谷物种植，就使人类摆脱了茹毛饮血的生存状态，从而开启了农耕文明的生活方式。自从谷物种植发明之后，"凡在天下庶民，罔不维后稷之元谷用蒸享"，即使"在商先哲王，明祀上帝，亦维我后稷之元谷用告和、用胥饮食"，因此，你们殷商的先世明王，也是我们周人发明农业种植的受益者。他们将粮食谷物既用来祭祀上帝祈请安宁，也用来维系人间饮食相与的日用伦常。唯其如此，你们殷商的先王帝乙，才任命我们的先祖王季做了西土的方伯，使我周邦的声名从此显达于诸侯，"肆商先哲王维厥故，斯用显我西土"。[①]武王的演说，从农耕与粮食起讲，并且创用了"后稷之元谷"这一概念，一方

---

① 庄述祖说："显我西土者，谓帝乙命王季为西伯。"其说是也。

面是要突出周人的种植技术对于人类文明所做的贡献，强调周人给人类
带来的福祉；另一方面，事先摆明始祖后稷的发明创造之功，意在以先
声夺人之势，打压与消除殷人作为文化发达的先朝遗民以"天邑商"自
居因而鄙视周人建政的傲慢心态。他要提醒这些殷遗，虽然你们殷商大
国有比较发达的文化，技术水平也居于暂时领先地位，但是你们也没有
理由小觑我们周人的智慧与才华，我们周人也做过足以骄人与傲世的贡
献，也取得了你们商人无法取代的文明成就。由此也不难想象，周人欲
以华夏文明正统自居而蔑视商人为夷种，大抵也是出于同样的心态；或
者正是由于商人鄙夷周人，激起了周人的逆反心理与种族情绪，因而周
人亦以夷种反唇相讥，也并非不可能。然而，这种由自卑导致的自傲，
流毒至为深远；直到晚周之世，立言之士还总是情不自禁地把宋国人作
为奚落与嘲笑的对象，诸如揠苗助长、守株待兔之类，种种愚蠢行为，
皆出自宋人，其原因就在于：他们是殷人的后裔！

　　第二，强调商纣王一人之恶，既为自己，也为殷遗，双向开脱。
武王说，"昔在我西土，我其齐言，胥告商之百姓无罪，其维一夫"，
又说，"若朕言在周曰：商百姓无罪；朕命在周，其乃先作；我肆罪
疾"。①意思是说，早在克商灭纣之前，我曾经在宗周多次对西土之
人指出：殷商的百姓是无辜的，殷人的所有罪恶都是由商纣王一人造
成的。武王还说，类似这样的说法，我在尚未讨伐商纣王之前，就已
经在西土宗周不知道提过多少次了。可见我对商纣王的罪恶，是多么
深恶痛绝了！当然，武王的这些说辞，并非空穴来风。据《尚书·微

----

① 齐，疾、亟。齐言，犹屡言也。肆，乃也。罪疾，近义复词，罪谓归罪，犹言谴责；
疾谓憎恶，犹言痛恨。

子》所载，大抵殷商王朝在帝辛之末，多有乱象。小大官员皆好作奸犯科，尤其沉溺于饮酒之乐；殷商之民，也迫于生计不惜结成不法团伙，相互械斗，竟有抛尸荒野而无人掩埋之惨象。[①] 然而，武王认为，殷商的百姓并非从来就是如此为恶多端。他说，"我闻古商先哲王成汤，克辟上帝，保生商民，克用三德；疑商民弗怀，用辟厥辟"。[②] 意思是说，商代的先圣明王成汤，协助上帝保护和爱养殷商的百姓，能够针对平康、沉潜与高明等各类人群的不同秉性，相应采取正直、刚克与柔克等不同的对治方法。因此，完全可以设想，其时在成汤治下的殷商百姓，人人皆无私心，都愿意接受并协助他们的君王把自己的国家治理得有条不紊。然而，"今纣弃成汤之典，肆上帝命我小国曰：革商国"！商纣王这个独夫民贼，毁弃了先哲明王成汤的优良治国传统，我们周邦虽为小国，却特奉上帝之命，来改变你们殷商大国这种不良的社会风气！

周武王将殷商官民的一切罪恶与社会乱象，全部归咎于商纣王，其目的无非是：一，抢占正义与道德的制高点，为自己"以臣弑君"的逆袭行为开脱与辩护。二，缓和殷人敌忾，消除殷商遗民对于改朝换代的恐惧与敌对心理。三，既往不咎，给予殷遗弃旧图新的机会与出路；为下一步征用殷遗才智之士给周邦效力清除思想障碍。当然，这也是武王发表这番演讲的直接动机与终极目的。然而，历史的波诡云谲却往往产生令人意想不到的后果：周武王所谓"一夫纣"的这番论调，不仅

---

① 参见拙著《尚书释读》，人民文学出版社 2020 年版，第 373—382 页。
② 用辟、克辟，用，以也；克，能也；辟，辅助。唐大沛以《洪范》"三德"解此"三德"。疑，通拟，推测。怀，有私心。厥辟，其君。

在殷遗中形成了强大的舆论攻势，对于消除胜国遗民的敌对情绪有着明显的疏导作用；与此同时，也在思想上取得了一锤定音的理论效应，产生了深远的历史影响。如前所述，时至战国中期，不仅仍有学人沿用"一夫"这个概念，继续为他"以臣弑君"的逆袭行为作道德辩护；甚至"汤武革命，顺乎天而应乎人"，也庶几成为千古定评！《孟子·梁惠王下》记齐宣王问孟子说，"汤放桀，武王伐纣，有诸？"孟子回答说，在传说之中有这么回事。齐宣王反问孟子说，"臣弑其君，可乎？"孟子说，伤害仁人与仁政的人就叫作"贼"，伤害道德与正义的人就叫作"残"，"残贼之人，谓之'一夫'。闻诛一夫纣矣，未闻弑君也"。由此可见，孟子从基本概念的使用，乃至辩护与开脱的逻辑套路，无不与周武王的说辞一脉相承。而成书于秦汉之际的《易大传》又说，"天地革而四时成；汤武革命，顺乎天而应乎人，革之时大矣哉"（《周易·革卦·彖传》）！这更是把汤武放杀逆袭上位的暴力行为解释为顺天应人的"革命"行动，进而上升到历史哲学的理论层面予以高度认可。

第三，诱逼殷遗优秀人士前往西土效力周邦。有了上述心理情感与思想理论两个方面的充分铺垫，周武王便可以顺理成章地亮出自己的底牌了。因此，他话锋一转，对这些"殷之旧官"，"及太史友（原作比，依庄述祖校改）、小史友（原作昔，依庄说校改），及百官里居献民"发出号召说："予既殄纣承天命，予亦来休命①：尔百姓里居君子②，

---

① 来，刘师培说，与"赉"相通，赏赐。休，美、善。命，命运。
② "百官"与"百姓"互称，实为宗族长老，治理家族事务。里居，"里君"之讹，治理公共事务。

其周即命”①。意思是说，我已经克商灭纣，接受了上天的命令；我也要给你们带来光明的前程和美好的命运。你们这些人，都是殷商时代有文化、有教养，有头有脸、身份体面的上等人，不应该死心塌地为商纣王那个独夫民贼陪葬做牺牲品，白白断送了你们自己的光辉前程。你们应该到西土去，为我们周邦的建设事业贡献你们的智慧与才华，同时这也是为你们自己谋生存，找出路。他特别提点那些大“邦冢君”说，你们这些大邦的君主，尤其应该降低身段，放下架子，鼓起勇气，请求去西土报效于我们周邦：“尔邦冢（原作冢邦，依孙诒让说校改）君，无敢其有不告见于我有周！”②

周武王把那些愿意投身于西土、效力于周邦的殷遗称为“献民”。《说文解字》“献，宗庙犬名羹献；犬肥者以献之”，段玉裁注：“献本祭祀奉犬牲之称，引伸之为凡荐进之称”。③又，《礼记·坊记》“民犹有自献其身”，郑玄注：“献，犹进也。”④且“献”亦有“圣”“贤”诸义，《尔雅·释言》“献，圣也”，郭璞注引《谥法》说：“聪明睿智曰献。”⑤《论语·八佾》“文献不足故也”，何晏《论语集解》引郑玄注说“献犹贤也”，⑥皆是其证。是以“献民”之“献”，一名而含四义：一为牺牲，名词；二为荐进，动词；三为明智，倾向于内在心灵的形容

---

① 其，于也。即，《说文》：“即食也”，徐锴《系传》：“即犹就也，就食也”。其周即命，既可解为去周邦效命，引申之则是为周邦做贡献；亦可解为去周邦就食活命，引申之则为找饭碗、觅活路。其实二义兼有，一语双关。

② 告，求请也。见，效也。告见，近义复词，犹“报效”也。

③ 段玉裁：《说文解字注》，上海古籍出版社1988年版，第476页。

④ 孔颖达：《礼记正义》卷五十一，中华书局2009年影印阮元校刻《十三经注疏》本，第3519页。

⑤ 郝懿行：《尔雅义疏》卷上之二，上海古籍出版社1983年版，第457页。

⑥ 何晏：《论语集解》卷二，《诸子集成新编》第一册，四川人民出版社1998年版，第12页。

词；四为贤能，表现于外在行为的形容词。综合"献"字诸义，则武王所创用的"献民"这个概念，不仅仅是指投诚归顺于新朝的那些殷商遗民，同时也赋予了某种价值评判：聪明睿智，懂得天命所归，因而善于抉择；同时兼有牺牲精神，并愿意奉献其才智的贤能之士，这就是"献民"这个概念的整体意涵。不过，从"献"字之"牺牲"与"荐进"的意义元素来看，武王创用"献民"这一概念，却多少流露出隐藏在他内心深处的"权力优越感"。他是要用这种现实存在的"权力优越感"来打压殷遗潜藏在心底的"文化优越感"，由此开启了中国政治思想史上两千多年以来"势统"与"道统"的角力与争衡，从而演绎了一部充满血泪的或称为"党锢"或称为"党人"乃至"诗案"或"文字狱"的中国政治生态史。

当然，也毋庸讳言，武王称这些归顺于新朝的殷遗为"献民"，在他的潜意识中或许有些傲慢与居高临下的心态存乎其间，但其外在目的还是为了表彰与鼓励其人通达时务，顺应天命，愿意献身于西土的合作态度。因此，武王为争取这些殷遗弃旧图新，既给予了许多鼓励，也给予了相应承诺。他说，"尔百姓献民，其有绶芳"。[①] 意思是说，你们这些聪明睿智富有才能而又通达时务顺应天命的殷商遗民百姓，如果不留恋殷商故地而投身到我们西土周邦，就是一种弃旧图新的明智之举；就像倒仆枯死的树木重新生出嫩芽，展露一片新的生机。言下之意，你们如能效力于我们新朝，就是获得了第二次生命。因此，他说，如果你们能够对于你们所面临的这个天命有所敬畏，服从天命的安排，"夫自敬

---

① 庄述祖说："绶芳犹言桥。"《尚书·盘庚》："若颠木之有由蘖。"

其有斯天命"，那么我们拥有这个天命的周邦，亦"不令尔百姓无告"，也不会亏待你们，让你们在西土流离失所，贫穷无告。只要你们在那里付出了足够的努力与勤劳，你们一定会得到上天的眷顾与报偿。再说，"西土疾勤，其斯有何重"？ ① 你们除却在西土奋力而勤勉地劳作，从而获得一份体面的生活，此外，还有什么能比这个更为重要的呢！而且，"天维用重勤，兴起我，罪勤我，无克乃一心"， ② 天道酬勤，它总是通过勤劳让我们兴旺发达，用勤劳责罚鞭策我们，也用勤劳劝勉鼓励我们；所以，无论何时，无论何地，无论何人，上天的用心始终都是一样的，既不会特别偏爱哪些人，也不会故意折磨哪些人。所以，"尔多子其人自敬，助天永休于我西土，尔百姓其亦有安处在彼"，你们这些人如果自敬天命，协助上天在我们西土永远修行善德，推动我们周邦走向繁荣，那么你们将在那里拥有一片安宁舒适的生存之地。当然，你们"宜在天命，弗（原阙，依丁宗洛校补）反（原作及，依唐大沛校改）恻兴乱"， ③ 既然天命在周，你们就要顺应天命，服务于我们周邦，决不允许在西土周邦兴风作浪。因此，有些不太好听的话，我也必须事先对你们说清楚："肆予明命汝百姓，其斯弗用朕命，其斯尔邦冢（原作冢邦，依孙诒让说校改）君商庶百姓，予则口刘灭之"， ④ 所以，我现在要明确告诫你们这些殷商人士，无论你们从前是殷商的大邦君王，还是先

① 西土疾勤，句式倒装，犹言努力勤劳于西土。斯，代疾勤。有，又也。重，重视。

② 维用，近义复词，以也。罪，责罚。勤，劝勉。无克乃一心，谓天无论何时何地何人，用心都是一样的。引文释义，参阅本书附录《逸周书·商誓解》校注绎文。

③ 宜，应当。在，察也。恻，通侧；反侧，犹反转、背叛。

④ 肆，故、今。其斯，若也。阙文旧注或补动词"咸""虔"，"咸刘"义为"歼灭"，"虔刘"义为"杀戮"，皆为同义复词。或补副词"乃""肆"，则稍嫌累赘。

朝的庶民百姓，如果胆敢违抗命令，不服从我的调遣，我就把你们全都灭了！而且，即使到了西土，如果你们敢于在那里造反生乱，我也决不会心慈手软！"子维及西土，我乃其来即刑"，如果你们一定要在西土以身试法的话，我便以大刑好生伺候，这就是对你们胆大妄为的最佳奖赏！①

由上述可见，武王这番讲辞，以先声夺人之势，从大处着眼，以其先祖后稷对于人类文明的既有历史贡献对冲与消解殷遗贵族当下存在的文化优越感；既指控了殷人的罪恶却又委全过于商纣王，消除殷商遗民的恐惧与仇恨心理。又特别创用"献民"这一概念，既从心理情感上，也从行为抉择上分化和瓦解殷商顽民，并且有效地孤立其极端仇视周邦的敌对分子。最后，软硬兼施，以威逼与利诱之两手，强行征调殷遗才智之士迁徙于西土，效力于周邦。

武王的演说成效以及周人对殷遗的承诺，已于《逸周书·度邑解》初步得到证实。武王克商之后，做完这个演讲，便踏上归途，回到宗周；其时已有一批殷遗"献民"随之前往西土。而武王营建洛邑的未来构想，一个重要目的就是"我图夷兹殷"，希望最终在洛邑成周安置、管控与利用这些殷遗，让他们在制作与兴造的研求与探索方面贡献其智慧与才能。这一点，上文已有详论，兹可不再赘述。而事后周人对这些

---

① 子，即尔多子。维，若也。及，当为"反"字之讹。乃其，将也，虚词连用。来，通"赉"，音义与"来休命"之"来"从同，赏赐也。即刑，与上文"即命"文法相同，犹今语所谓"吃打""吃罚"之意。来即刑，其文义虽为自食其果，咎由自取；其语气却于威严之中含讥讽。其修辞手法颇类于《尚书·多方》"尔多方探天之威，我则致天之罚"，意思是说，你们多邦想要探取上天的威严，我便把上天的惩罚送给你。故文中籀绎其义，尽量把这种语含讥讽的情调传达出来。

殷遗的安置、管控与利用，也足以证明他们还算践行了当初许下的诺言。作为传世文献，《尚书》的《多方》与《多士》这两篇文诰，在内容上相互关联，在时间上相互衔接，前者诰于宗周，后者诰于洛邑，其所诰之对象也基本上就是跟随武王来到宗周的那一批殷商"献民"。而且，从殷都迁往宗周，再从宗周迁到洛邑，正好凸显着周人迁徙与安置以及管控与利用这批殷遗"献民"的历史轨迹。

《尚书·多方》说，"王来自奄，至于宗周"，作诰地点为宗周。而"周公曰，王若曰"，无论周公摄政称王以作诰，抑或周公以成王之命而作诰，其时总在武王去世之后。"猷告尔四国多方，惟尔殷侯尹民"，其作诰对象是旧时殷商四境之内的诸侯邦君以及过去的封疆大吏和百官臣僚，也就是周武王当年在《逸周书·商誓解》中所指称的"殷之旧官"，包括"太史友、小史友，及百官里居献民"以及"邦冢君"在内的那些殷遗听众。当然，或有周公戡定武庚之乱以及荡平奄君薄姑之后，陆续征调而来西土的异邦人士，[①]因而周公以"四国多方，殷侯尹民"一并呼之。但其大部分应该是当初周武王克商之后，从东土征调到宗周的那些胜国遗民。《尚书·多方》说，"今尔奔走臣我监五祀，越惟有胥伯小大多正，尔罔不克臬"，"五祀"的时间断限，便确切地透露着这一信息。因为武王克商二年而崩于镐京，成王即位，周公摄政，管蔡流言而同室操戈，周公"一年救乱，二年伐殷，三年践奄"。

---

① 《逸周书·作雒解》说周公平乱，"俘殷献民，迁于九里"，孔晁注以为"九里"乃成周之地。"九里"或作"九毕"，清人据《战国策·韩策》"魏王为九里之盟"，《韩非子·说林》作"魏惠王为白里之盟"校定为"九里"。然则"九里"果为成周之地，当是探后为言。实是先迁于宗周，洛邑建成后，再迁于成周。

而"王来自奄，至于宗周"，正是周公摄政期间"践奄"之后回到宗周的年份。自武王克商至周公摄政三年，正好五个年头。当然，这批征调到宗周的殷遗，周人不可能放任自流而不设置相应的监管机构。"奔走臣我监"，就是说在我们周人的监督与管制之下为周邦奔走效力。"今尔尚宅尔宅，畋尔田"，也说明周人既给这些殷遗在宗周提供了宅地，也为他们划定了田产，兑现了武王当初"有安处在彼"的事先承诺。但是，这些迁入宗周的殷人，也必须按照法定期限服劳役，根据规定额度向周人缴纳贡赋。诰文在"奔走臣我监五祀"与"胥伯小大多正，罔不克臬"之间加一"越"字，①表明这些迁入宗周的殷遗，五年以来，一直在周人的监管之下如期、如数地服劳役、纳贡赋。可见他们在宗周接受管制的日子，实在并不怎么轻松！

时隔三年，亦即周公摄政五年，周人乃正式"营成周"，这批殷遗之中又有不少人征调到洛邑参加成周的营建；并在洛邑建成之后，留在成周定居下来，按照武王当年的遗愿和设想专门打造和建设这个继承华夏文明正统的"天下之中"了。由《多士》与《多方》两篇相互回照的诰词中，即可探得这一消息。《尚书·多方》说：

> 尔乃自时洛邑，尚永力畋尔田。天惟畀矜尔，我有周惟其大介赉尔。迪简在王庭，尚尔事，有服在大僚。……尔不克劝忱我命，尔亦则惟不克享。凡民惟曰不享，尔乃惟逸惟颇，大远王命，则惟

---

① 越，及也、与也。胥，力役也；伯，与"賦"通，赋税也。正，通"征"；《孟子·尽心下》"布缕之征，粟米之征，力役之征"，是其义也。多正，各种力役与赋税。臬，准则、法制也。

尔多方探天之威，我则致天之罚，离逖尔土。

虽然营建洛邑是武王管控东土的治理规划，但由于武王克商二年即撒手人寰，旋即发生了管蔡之乱，周人忙于平定叛乱与铲除异己，无暇实施武王营洛的原定计划；因而周公在宗周作《多方》之诰，其时洛邑尚未营建。可见所谓"尔乃自时洛邑，尚永力畋尔田"云云，[①] 乃是探后为说，也仍然是周公按照武王的既定方策，继续对殷遗的承诺。不过较之武王，周公的承诺更有鼓动性，因而或者也不可避免地掺了较多难以付兑的成分。析言之，有以下几个层面：

第一，"尔乃自时洛邑"，在将来为你们营建的洛邑里，你们可以"永力畋尔田"，亦即永久地致力于耕种你们的土地。比较上文所谓"今尔尚宅尔宅，畋尔田"，此处多出"永力"二字，可见这些殷遗在宗周所分配划定的田宅，皆是暂时性的；而将在未来洛邑的田宅，则是长期的永久性占有。《后汉书·鲍永传》载光武帝"赐永洛阳商里宅"，章怀注："《东观汉记》曰：'赐洛阳上商里宅。'陆机《洛阳记》曰：'上商里在洛阳东北，本殷顽人所居，故曰上商里宅也。'"[②] 可见洛邑成周的东北近郊，当是其时殷遗"献民"世代长期集居之地，是以"商里"之名于东汉之末犹存。且其名曰"上商里"，则当有"下商里"乃

---

① 前人以为《多方》"尔乃自时洛邑"乃《多士》篇之错简，不知"时"字实为远指。《多士》"向于时夏""予惟时命有申"，《酒诰》"今惟殷坠厥命，我其可不大监抚于时"，《盘庚》"相时憸民"之诸"时"字，皆是其例。刘起釪不知其义，因而"只好说，虽在宗周发布诰辞，但可包括对洛邑殷人讲话，实际尚有待于把它弄准确"（刘起釪：《尚书校释译论》，中华书局 2005 年版，第 1659 页），可见刘氏不明"时"为远指代词，不免时空错乱，以致逻辑不通。

② 范晔：《后汉书》卷二十九，中华书局 1965 年版，第 1018 — 1019 页。

至"中商里"亦未可知。

第二，"天惟畀矜尔"，就是说，如果你们在新邑安分守己而上天还仍然眷顾你们的话，我们周邦也将会对你们大加奖赏而给予恩赐，"我有周其大介赉尔"。这奖赏与恩赐，就是"迪简在王庭"，亦即进一步把你们选拔到中央朝廷来任职。

第三，如果你们"尚尔事"，具有十分突出的敬业精神，把全部心思花在自己的职责与事务上，于其本职做出了超常的建树，还可以升迁到朝廷中更高、更为重要的职位上来。所谓"有服在大僚"，就是这个最高层次的许诺。

时隔三年，东都洛邑建成之后，周公诰于"新邑洛"的《尚书·多士》说：

> 昔朕来自奄，予大降尔四国民命，我乃明致天罚：移尔遐逖，比事臣我宗多逊。……今予惟不尔杀，予惟时命有申：今朕作大邑于兹洛，予惟四方罔攸宾；亦惟尔多士攸服奔走臣我多逊，尔乃尚有尔土，尔乃尚宁干止。尔克敬，天惟畀矜尔。尔不克敬，尔不啻不有尔土，予亦致天之罚于尔躬。今尔惟时宅尔邑，继尔居，尔厥有干有年于兹洛。尔小子乃兴，从尔迁。……时予乃或言：尔攸居。

"昔朕来自奄，予大降尔四国民命"，就是回照三年前周公在宗周对"四国多方，殷侯尹民"发布《多方》的诰命。而"移尔遐逖，比事臣我宗多逊"，正是申述《多方》"离逖尔土"那段文字的中心意思，以再次提醒这些殷遗，只有老老实实奔走效力于我们周邦，才是你们唯一正确的选择，否则没有别的出路。"今予惟不尔杀，予惟时命有申"，现在我虽然不会杀掉你们，但我还是要重申当年在宗周时对你们所发布的那个诰命：现在我们在这洛水旁边兴建了这座都城，既是兑现了我们当初的承诺，也是因为我们要接纳四境八方的优秀人士居于此地；尤其是你们这些随武王到宗周再到洛邑的殷商"献民"，如果你们一如既往地臣服于周邦，奔走于王事；你们就有幸能够在这里拥有你们的居邑与土地，就可以永远在这洛邑里安身立命。当然，倘若"尔不克敬，尔不啻不有尔土，予亦致天之罚于尔躬"。因此，如果你们安分守己，不仅可以"宅尔邑，继尔居"；你们还可以将洛邑的居宅田产传给后辈子孙继承，"尔厥有干有年于兹洛"。如果你们兴风作浪，不想好好过日子，那就请你们远远地滚出洛邑！最后，周公语气似乎有所缓和，又特别补充说，你们就安心地在这里居住吧，至少我现在不会杀死你们，也不会无故把你们赶走！

毋庸讳言，虽然周人在这些殷遗"献民"的头顶上时时刻刻悬着一把夺命剑，但最终"自时洛邑，尚永力畋尔田"，"厥有干有年于兹洛"，足见周人还算践行了武王曾经有过的"其亦有安处在彼"，"不令尔百姓无告"的起码承诺。至于周公所谓"迪简在王庭，有服在大僚"的升迁诺言，似乎也有少数幸运者可以证明并不完全是谎言与欺骗。

一九七六年十二月陕西扶风县法门公社庄白大队白家村出土了窖藏青铜器一百零三件，其中铸铭者五十五件。据其铭文，这批青铜器大部分是自称"微史"这一家族七代人陆续铸成的，其年代下限，约至西周中期懿王之世。①杨宽将其世序与庙号整理成一简表，②比较醒目。兹略作修订，录之于此，以备参考：

世代 出处	一 高祖	二 烈祖	三 乙祖	四 旂	五 丰	六 墙	七 癲
旂觥			父乙	作册旂			
丰尊				父辛	丰		
墙盘	高祖	烈祖	乙祖	亚祖祖辛	文考乙公	墙	
癲钟一				高祖辛公	文祖乙公	皇考丁公	癲
癲钟二				高祖	亚祖	文考	癲

这批铜器中，《史墙盘》有铭文十八行二百八十四字，其内容分为前后两段：前段追颂周初文、武、成、康、昭、穆六位先王的功烈。据此，当为共王时器。后段叙述微史家族自其高祖以下六代世系，以及自其剌祖（即烈祖）、乙祖、亚祖祖辛、文考乙公乃至史墙本人历仕于西土周邦的经过。铭文说："青幽高祖，在微灵处，覃武王既戈殷，微史剌祖迺来见武王，武王则令周公舍圍于周，俾处甬"。③其高祖原本居住在殷商畿内的"微"这个地方，④由"青（读靖或清）幽"二字，大约是赋闲在家的殷商致仕官员，或者也是"微"地某宗族之长即武王所称

---

① 参见陕西周原考古队：《陕西扶风庄白一号西周青铜器窖藏发掘简报》，《文物》1978年第3期。

② 杨宽：《西周史》，上海人民出版社1999年版，第371页。"旂"字前"作册"二字及"乙公"前"文考"二字皆为本文作者据铭文拓片所增。又，陕西周原考古队《发掘简报》"旂"字隶定为"折"。

③ "甬"字及句读从裘锡圭释，见裘锡圭：《史墙盘铭解释》，《文物》1978年第3期。

④ "微"的地望，众说不同，有以今陕西眉县当之者，有以武王伐纣时西土八国之"微"当之者，亦有以四川眉山县当之者。我们认为，杨宽"商畿以内"的说法比较合乎情理，值得信据。

之"百姓"。武王克商之后，便使其长子即墙的剌祖来见武王。武王令周公"舍圂于周"，就是安置他居住在宗周。微史剌祖这一经历，与武王作《商誓》的背景颇为相合，亦与周公诰于宗周的地望一致。由此可知，大抵克商之初，跟随武王来到宗周的殷遗"献民"，皆由周公负责处置与安排。而且由"农嗇岁稼佳辟"的铭文，可知微史家族在宗周亦有其宅地，有其土田，与《尚书·多方》"尚宅尔宅，畋尔田"之说也相吻合。其剌祖来宗周之后，使之"处甬"。据墙的儿子癞所铸之钟的铭文说，"雩武王既戈殷，微史剌祖（乃）来见武王，武王则令周公舍圂，以五十颂处"，则微氏家族初仕于宗周所从事的职务可能是执掌礼容的史官。① 至其亚祖祖辛斿（或隶定为"折"）乃任作册，则是负责起草文书的"内史"之职。而据《折觥》以及《丰尊》铭文所载，他们已经成为王朝执行册命典礼的重要史官，常从周王出巡各处。《斿觥》"王在岸，令作册折兄（贶）望土于相侯"，《丰尊》"王在成周，令丰寏大矩"，皆是其证。因此，墙盘铭文说，"叀乙祖遥匹氒辟，② 远猷腹心，子纳灵明"，③ 可见微史家族自投奔西土周邦之后，仅于第二代便成为"远猷腹心"之臣，勤勉地在周王身边奉献其聪明才智。当然，也毋

---

① 裘锡圭说，"颂"即"容"，"甬"与"颂"音近可通；"处甬"亦即掌管铿锵鼓舞的礼容。其说或可信。《癞殷》"皇且考司威仪"，以及《三年癞壶》"王在句陵，乡逆酒；呼师寿召癞"，"师寿"为乐官，亦可为证。刘翔《"以五十颂处"解释》（文载《学习与思考》1982年第1期）认为，"以五十颂处"乃是掌管卜筮的官员。要之，微史家族在周王朝的职掌乃"宗祝卜史"之类文职官员，当无可疑。

② 叀，即"惠"字初文，与"惟"字相通，以也，因也。遥，读"弼"，"弼匹"犹言辅弼。此句从裘锡圭读。

③ "子纳灵明"，从唐兰释，"子"通"孳"。见唐兰：《略论西周微史家族窖藏铜器群的重要意义——陕西扶风新出墙盘铭文解释》，《唐兰全集》第四卷，上海古籍出版社2015年版，第1879页。

庸讳言，这类作器自炫家世的矜功铭文，[①] 皆不免夸说失实之嫌，但多少可以证明周公"迪简在王庭，尚尔事，有服在大僚"的承诺并非完全是无从付兑的空头支票。

然而，值得注意的是，微史家族之在周王朝的官运亨通，也许并不能代表参与洛邑营建而最终留居在成周的那些殷遗"献民"的普遍命运；因为他们实际上是分别来自殷商时代的不同社会阶层与文化群体。而更为重要的是，微史家族在周王朝的仕途如此顺利，也正好暴露了周人克商之后在"立政任人"方面存在着严重的先天短板。据周代铜器铭文所载，西周中央王朝设有"卿事寮"与"太史寮"两大政务机构，《毛公鼎》"彶兹卿事寮、太史寮于父即尹"，即可为证。《矢彝》也说，"周公子明保尹三事四方，受卿事寮"，则"卿事寮"是全面负责朝廷内外军政事务的行政机构，属于王朝的行政官系统；而"太史寮"则掌管宗庙祭祀、册命典礼、文史星历等有关思想文化与宗教祭祀方面的事务，属于王朝的文宣系统。"卿事寮"掌管军政事务，周人当力能自任。但"太史寮"的职事却对学术水平与文字能力有较高要求，而这正是凭武力逆袭上位的周人有所欠缺的。因此，西周开国之后，"太史寮"的文职官员，几乎全部由殷商时代的"太史友、小史友"来充任，《诗·大雅·文王》"殷士肤敏，裸将于京"，即是其证。而微史家族，职掌祭祀礼仪与册命典礼之类的文宣事务，正是"太史寮"的属员，看他们

---

① 商周青铜器的文化功能经历了四个发展阶段：一、祀神之用；二、藏礼之用；三、矜功之用；四、埒富之用。随其文化功能之变迁，各阶段铭文内容也各有不同。参见拙著《中国早期文化意识的嬗变》第一卷第五章《彝器与彝铭：从神坛走向世俗》，武汉大学出版社2005年版，第221—251页。

自铸的青铜礼器皆有"木羊册册"（蠢）这种标志其史官身份的族徽自可明了。而且《墙盘》铭文本身，尤能自证其作者之为文士身份，其文篇幅之长大、气韵之高古、修辞之雅致、叙事之简洁，足以体现其人作为"起文书草"之"作册内史"所应有的高超娴熟的文字驾驭能力。

不过，说起来使人有些沮丧，虽然周人的文化事务乃至国家治理，已经大量接纳并依赖殷商旧时代的才智之士参与其中，但周人对待这些殷遗"献民"，实际上具有阴阳不同的两副嘴脸。因为周人在内部谈话中涉及殷人及其旧属，与其直接面对殷遗的谈话，无论其称谓抑或其语气，都有明显的倨傲蔑视与谦恭礼敬之别。前者可以《尚书·酒诰》为例，后者可以《尚书·多方》与《尚书·多士》为例。将二者稍加比勘对读，不难发现：周人对待殷遗"献民"，表面上比较谦恭，内心却不无鄙夷。当然，表面上虚假的谦恭，是要给殷遗造成一种被需要与被看重的迷幻，好让他们死心塌地为西土周邦作牺牲，甘愿俯首帖耳地奉献其才能与智慧；而内心里由衷的鄙夷，则是对于胜国遗民的"权力优越感"从而视他们为奴役的对象。且如前述，周人对于殷遗的这种居高临下的傲慢心态，早在随着武王克商的大功告成便开始潜滋暗长了。尤其值得注意的是，从周人在人前与人后有关殷遗的谈话对比之中，我们还可以发现一个更为惊人的秘密。这便是：周人如何巧妙地编造了"商王士"这顶华丽的桂冠，然后不经意地把它扣在了殷遗"百宗工"的头上！请尝试而论之：

《尚书·酒诰》是康叔移封于殷商故地之后，周公要求康叔封在殷都妹邦施行禁酒令的诰词，这纯属周人内部的高层谈话，其中既有对殷制的追述，也有对殷遗的称谓。

其一，述殷制：

> 越在外服：侯甸男卫邦伯；越在内服：百僚庶尹，惟亚惟服宗工；越百姓里居；罔敢湎于酒。

其二，称殷遗：

> 予惟曰：汝劼毖殷献臣侯甸男卫，矧太史友、内史友；越献臣百宗工。
>
> 又惟殷之迪诸臣，惟工乃湎于酒，勿庸杀之，姑惟教之，有斯明享。

其述殷制，以三个"越"字领起，分为三个层次：一是"越在外服"，指殷商邦畿内外各邦族或各方国的君长；二是"越在内服"，指殷商王朝各个职能部门的臣属与僚佐及其执事人员；三是"越百姓里居"，[①]指各宗族之长与居邑之长。其称殷遗，虽则有所简择，但也仍然是相对客观地按照殷人旧时的名号来指称。惟有"献臣"二字，表现出周人对殷遗的态度及其取舍标准。陈梦家说，"殷王以下'外服''内服'和'百姓'三个阶层，克殷后被西周统治者称为'献臣''献民'"，而"称之为'献臣'是说征服了的殷官"。[②]陈氏之说，大抵不错。"献臣"之与"献民"，其概念上的区别不在"献"而在"臣"与"民"，则"献臣"意

---

① "里居"乃"里君"之讹，其人身份已见前述。
② 陈梦家：《西周文中的殷人身份》，《历史研究》1954年第6期。

在强调"献民"之在周邦任事者，指涉的是当下供职为"臣"的身份。

如前所述，周武王最初创用"献民"这个概念，原本就含有几分讥讽与揶揄，因而周人内部的高层谈话，用"献臣"来指称那些效力于周邦的才智之士，也并没有稍减其轻蔑。①甚至周人的庙堂歌诗，所用的称呼则更加难堪。《诗》之《大雅·文王》说，"殷士肤敏，裸将于京。厥作裸将，常服黼冔。王之荩臣，无念尔祖。无念尔祖，聿修厥德。永言配命，自求多福"。可见那些穿戴着殷人服饰的"商之孙子"们，在周人的宗庙里虔诚地举行祭礼，反而被周人轻蔑地称之为"荩臣"。汉代经师将"荩"之与"献"同训为"进"，殊不知"荩"字却更带侮辱性。因为"荩"的音义实与"烬"相通。《左传》襄公四年"靡自有鬲氏收二国之烬以灭浞"，杜注："烬，遗民。"孔疏："樵烛既烧之余，名之曰烬。二国之烬，谓烧之所杀，死亡之余，遗脱之民也"。②则"荩臣"就是"烬臣"，不过烧死焚弃之余灰而已。由此可见，从"献臣"到"荩臣"，周人在背后称呼殷遗的用语确乎是越来越刻薄了。

对照殷制的叙述，周人所谓"献臣"的指称对象，也大有玄机。

首先，殷制的"越百姓里君"，大抵纯属"献民"而非"献臣"，故未予提及，姑置无论。其次，称为"殷献臣"的殷遗，既指殷制中"越在外服"的"侯甸男卫"，也指"越在内服"的"太史友、内史友"。而这"太史友、内史友"其实就是供职于"太史寮"乃至"裸将于

---

① 周人称殷遗为"献臣"，颇似明朝官员归顺清廷后被称为"贰臣"。乾隆四十一年十二月，诏于国史内增立《贰臣传》，并且直接指名钱谦益不可与洪承畴相齿，只可入乙传，不可入甲传。参见王钟翰点校：《清史列传》卷七十九，中华书局 1987 年版，第 6578 页。
② 孔颖达：《春秋左传正义》卷二十九，中华书局 2009 年影印阮元校刻《十三经注疏》本，第 4196 页。

京"的那些殷遗之士，亦即武王在《逸周书·商誓解》中称之为"太史友、小史友"的那些对象。第三，称之为"越献臣"的殷遗，却仅指殷制中"越在内服"的"宗工"，而将"百僚庶尹，惟亚惟服"排斥在外了。

由此可见，周人对殷遗"内服"的"百宗工"特别青睐。其所以别称"殷献臣"与"越献臣"，大抵因为"越献臣"中除了殷商王国的"百宗工"之外，尚含有其他方国的"宗工"在内。而且最不容忽视的是，周公告诫康叔说，"殷之迪诸臣，惟工乃湎于酒，勿庸杀之"。这"迪诸臣"即统指"殷献臣"与"越献臣"二者而言，都是周人内定为必须"劼毖"的对象；①而且在所有这些需要谨慎对待的进身之臣中，尤其需要慎之又慎的是"百宗工"，只有"工"犯了酒禁可以暂缓死罪，必先行教育与劝导以观后效，若其屡教不改，则再处刑杀。因此，周人特别看重殷商遗民中的"百宗工"，应是毫无疑问的。

"工"在卜辞中屡见，并有"多工""百工""宗工"以及"我工"等以"工"为中心词所构成的诸多复合语。这些"工"，似乎还包含多种角色。首先，他们的身份是官员；其次，是主管土木工程建设以及器物营造亦即兵器、彝器锻铸的技术官员。此外，由"工典其翌"的卜辞可知，"工"还主持祭祀仪式。陈梦家说，殷制的"工""宗工""百宗工"，着重一"宗"字，可能指宗庙之工，或是作器的百工，或是乐工，尤其卜辞于肜祭卜"多工"之事，则"多工"可能是宗庙的乐工。②可见殷代的"工"或"多工"，实际上担负着包括与祭祀礼乐文

---

① 许慎《说文》："劼，慎也，从力吉声。《周书》曰：'劼毖殷献臣。'"段氏注："慎者，谨也。"是"劼"乃谨慎、慎重之意。毖，谨也，教也。则"劼毖"乃谨慎地教育与引导之谓也，与周人犯酒禁乃格杀之之"刚制"手段有所区别。参见拙著《尚书释读·酒诰》。

② 陈梦家：《殷虚卜辞综述》，中华书局1982年版，第519页。

明相关的器物制作营造等几乎所有属于国家物质文化建设方面的兴作制造之事，则周人之所以于"越在内服"特别看重"百宗工"而不及"百僚庶尹，惟亚惟服"的真实用意，也就不难推知了。而且，当初周武王于《逸周书·度邑解》预想的"天有求绎，相我不难"，在这里也得到了最终的回应与落实。

周人内部的高层谈话，将殷制中的"百宗工"加上"越献臣"的限定语，当然不乏轻蔑与贱视之意。然而，令人诧异的是，当他们直接面对这些殷遗谈话，却又表现出莫大的热情与十足的恭敬。仔细体会《多方》与《多士》两篇文诰在"王若曰"领起之下所用的几个直接称谓，不难发现这个秘密。

《多方》第一个"王若曰"：

猷告尔四国多方，惟尔殷侯尹民。

《多方》第二个"王若曰"：

猷告尔多方。
猷告尔有方多士，暨殷多士。

两个"王若曰"的称谓虽稍有变化，但存在某种对应关系："有方多士"指"四国多方"之士；"殷多士"即指"殷侯尹民"。而"告尔多方"，当是"有方多士"的省略。因此，《多方》篇末便将他们统称为"多士"了。

《多士》第一个"王若曰"：

> 尔殷遗多士，弗吊旻天大降丧于殷……肆尔多士，非我小国敢弋殷命。

《多士》第二个"王若曰"：

> 尔殷多士，今惟我周王丕灵，承帝事。……猷告尔多士，予惟时其迁居西尔。
>
> 多士，昔朕来自奄，予大降尔四国民命。……告尔殷多士，今予惟不尔杀。

如前所述，《多方》诰于宗周，《多士》诰于洛邑，时隔三年，而所诰对象却是同一批殷遗。但周公对他们的称谓，先后却大为不同。《多方》以"四国多方"及"有方多士"与"殷侯尹民"及"殷多士"相对而称，似乎"有方多士"与"殷遗多士"犹有所别，但《多方》最后则总称之为"多士"。而《多士》两个"王若曰"之下，皆以"尔殷遗多士""尔多士""多士"相继混称，不再称"有方多士"。尤其第二个"王若曰"之下直呼"尔殷多士"，也不再称"尔殷遗多士"。这一现象可有两种理解：一是从《多方》到《多士》，其对象范围似有逐步缩小的趋势。也就是说，最终参与洛邑营建并留居于成周的人员成分，可能仅仅是殷遗"越在内服"的"百宗工"了。二是去掉了"遗"字，似乎暗示着周人有意要回避易于触发"献臣"或"荩臣"之身份联想的语汇。虽然这两点理解不无揣测之嫌，因而我们也不敢就此轻下断语；但较之周人内部谈话称之为"殷献臣""越献臣"，则"尔多士"或"殷多士"的当面称呼，似乎显得比较礼貌与亲切，则是可以肯定的。而且应该说，周人这种背后谈论与当面称呼，两种语境之中所夹带的不同观念与情绪，相信细心的读者是不难体会出来的。

然而"多士"一词，既不见于殷墟卜辞，也不见于周原甲骨。卜辞中也没有"士"字，先前被某些学者释为"士"字的甲骨文，都是"土"字的误释。而与"土"字形似，却只表示动物阳具的"⊥"形结构，过去也有学者以为是"士"的初文，其实也是错误的。甲骨文"⊥"形结构并不是单体独用的文字，而只是作为表示阳具的意符与作为祭祀牺牲的牛、羊、豕搭配为用，以表达牡牛、牡羊、牡豕的意义。由此可见，"士"这个字，是周人首先创制而使用的。

近人吴其昌《金文名象疏证》一文，以石斧为原生点，揭示了工、士、壬、王等吴氏称之为"石斧系之原始象形字"的造字原则。吴氏认为"金文士、工一字"，并从字形与字义两个方面梳理了二者之间的相互关联。他列举《矢彝》器盖同铭的不同字形为例说，"盖铭作'眔百工'者，其字作'工'；而器铭则作'眔百士'，其字作'士'"。[①]今按吴氏之说，复检《矢彝》器盖铭文之"工"，下面横画皆作肥笔，

---

① 吴其昌：《金文名象疏证》，《国立武汉大学文哲季刊》第5卷第3期，第491—494页。今考《矢彝》器铭与盖铭皆作"眔百工"，不知吴氏何以言之如此。不过，吴氏认为"工""士""王"皆是以斧钺为实物原形的同源字，则颇有启发性。我们认为，介于"工"与"王"之间的抽象意义，可能就是周人创用"士"字的主要动机，因而"士"的造字原则并不是传统意义上的"象形"而应当是"指事"。

其底部两端向上微曲，皆象斧刃之形。^①而《矢彝》出现的三个"王"字，底部横画两端皆向上弯曲，亦是斧刃之象。因此，就其字形而言，"士"是介乎"王"与"工"之间的衍生字。就其字义而言，"士"是下出离于"工"而上接近于"王"的角色。所以《多士》开首便说，"惟三月周公初于新邑洛，用告商王士"。由此可见，这个"士"字，正是周人为殷遗"百宗工"量身打造的一个特殊徽号。周人以为，把这个字形与字义看起来像"王"实质上却仍然只是"工"的华丽桂冠，巧妙地扣在殷遗"百宗工"的头上，这些殷遗"百宗工"就会顶着"士"的桂冠，乐不可支地任其驱使与奴役了；仿佛供人取乐的猴子，一旦被人穿上了黄马褂，就会满心欢喜地随着耍猴人的锣声与鞭子声在尘埃中满地打滚翻跟斗一般。然而，"士"这个只是"工"而不是"王"且其初衷带有戏弄与嘲讽意味的徽号，却被历代的读书人做了无限的泛化与美化，竟然一变而为"男子之大号"，再变而为"任事之通称"，乃至"推十合一"亦不能尽其美，必以"通古今，辩然否"，方可许之为"士"。^②呜呼！时光的淡化，人性的善忘，二者合谋编就的历史荒诞剧，却如此令人忍俊不禁；而传统的反向漂移，竟至如此诡谲，殷遗"百宗工"若地下有知，当长怀冤屈不平之恨！

---

① 据《殷周金文集成》所收录《矢令》之器有二，所铸铭文则有三篇，内容全同。一器为《矢令方尊》（第 11 册，编号 6016），另一器为《矢令方彝》（第 16 册，编号 9901），有盖器二铭。但《矢令方彝》器盖二铭皆作"百工"，而《矢令方尊》"百工"二字锈蚀严重，字迹不清。然三篇铭文之"工"字及诸"王"字，下画皆作肥笔，确如斧钺之形。则吴氏所谓"士""工""王"三字同源之说，或当可信。

② 《诗·郑风·女曰鸡鸣》"士曰未旦"，孔颖达《正义》："士者，男子之大号。"《孝经·士章》"士章第五"，邢昺疏："士者，任事之称也。"《说文解字》："士，事也。数始于一终于十，从一十。孔子曰：推十合一为士。"《白虎通义·爵》："《传》曰：通古今，辩然不，谓之士。"

这些被称为"多士"的殷遗"百宗工"，首先在周公的驱使下，以其土木工程技术的专长营建了洛邑，[①] 把它打造成可与宗周媲美的政治中心与文化中心。尔后，留居于洛邑，又发挥了他们固有的青铜冶铸之技术专长，把西周王朝继轨于殷商的青铜文化推向了历史的最高峰。而河南洛阳北窑村发现的西周早中期大型青铜铸造遗址，其面积达二十万平方米，[②] 当是见证这些"越献臣百宗工"在东都洛邑顶着"士"的桂冠效命于周邦的历史现场。然而"克商之前，周人没有大规模的青铜工业，至今还未发现可以构成时间发展程序的先周青铜器体系"，而西周穆王时代之前的那些"商制周铭的青铜器，如果不铸铭文，就难以区别是商是周"了，[③] 可见西周早期青铜工业的蓬勃发展及其光彩夺目的青铜工艺文化，正是留居于洛邑而被周人"褒称"为"殷遗多士"的那些"越献臣百宗工"用血泪与汗水浇铸而成的文明之花。

综上所述，由《逸周书》的《商誓解》到《度邑解》，再由《尚书》的《多方》以至于《多士》，基本勾勒了周人对殷遗才智之士的征调与迁徙，以及管控与利用的大致历史轨迹。周武王以威逼与利诱之两

---

① 关于"多士"或"百宗工"营建洛邑的具体情况以及周人的怀柔态度，拙著《中国早期文化意识的嬗变》（武汉大学出版社 2005 年版）第二卷第十二章《士人群体与士人文化》有比较详细的论述（第 3 — 91 页）。虽与本文立说宗旨有所不同，但可以互相参证。"夫言岂一端而已，夫各有所当也"，读者不必因彼而疑此，或因此而疑彼也。

② 有关东都洛邑的建筑格局以及洛阳北窑村西周铜器制作场址的基本规模，可参见杨宽：《中国古代都城制度史研究》，上海古籍出版社 1993 年版，第 46 — 55 页。

③ 马承源：《中国青铜器》，上海古籍出版社 1988 年版，第 429 页。近年来，由考古发掘，虽在西安附近发现过冶铜遗址，但渭水流域的先周文化不见早商的特征，只显示有小屯时期晚商文化色彩，商人的青铜文化对周人则具有压倒性领先优势，周人只有在模仿之后，才逐渐发展出自己的风格。参见许倬云：《西周史》，生活·读书·新知三联书店 1994 年版，第 37 页。

手，强行征调一批殷遗优秀人士迁徙到宗周，继而周公又驱使他们到洛邑参与东都成周的营建。与此同时，这批殷商遗民也在从"献民"到"献臣"再到"多士"的称谓变更过程之中，不断地被周人规置着他们的生命意义及其存在价值。因此，也只有那些掌握着当时最为先进的科学技术的"百宗工"，才终于在东都洛邑以其一技之长博取了一爿安身立命之地。因此，这些殷遗"百宗工"，便永远头顶着周人以管控与利用为质地却抹着恭敬与尊重的口水从而为他们量身打造的这副"商王士"的"顶戴花翎"，按照周武王"余其宅兹中国，自之乂民"的遗愿，如同被穿上黄马褂的猴子一样，在周人"吹捧"与"棒喝"的双重变奏之下，为周邦的繁荣与周人的享乐辛勤地奉献着他们的聪明和才智。此外，正值知识贫瘠与文化落后的新建周邦急需用人之际，那些通过"文史星历"的智力途径直接进入周人国家宗教事务与文宣系统之"太史寮"的"宗祝卜史"们，虽然仍旧穿戴着殷人的服饰，更被周人视为焚弃之余的"荩臣"，也同样标佩着"士"的徽号而虔诚地效命于新朝以"自求多福"了。

第六章

以德配天：
周人的天命与殷遗的困境

如果说，周人堂而皇之地把一颗用口水涂抹而成的"商王士"这个不伦不类的红帽头，十分巧妙地安在殷遗"百宗工"的头顶上，以攫取他们的聪明才智，让他们虽身受奴役却心存感激地报效于周邦；那么，周人处心积虑炮制的一套"天命哲学"，就是牢牢套在这些胜国遗民脑袋上的一道紧箍咒。只要周人觉得这些"殷遗多士"稍有风吹草动，便念念有词地对他们祭起这道魔咒，让他们"多逊，臣我"，服服帖帖地接受周人的统治，并且心悦诚服地悔过自新，在新建周邦安分守己地"作新民"。[①]

不过，说周人炮制了一套"天命哲学"，却并不等于说，就像"元谷""献民""献臣"及"多士"等概念一样，"天"字也是由周人最早创造使用的；也更不是说，"天"的概念具有至高无上的内涵，必须待到周人克商之后才得以形成。

郭沫若说，殷人"称至上神为'帝'，为'上帝'，但决不曾称之为'天'"[②]，陈梦家也说，"殷人的上帝或帝，是掌管自然天象的主宰，

---

① 《尚书·康诰》说："惟弘王应保殷民，亦惟助王宅天命，作新民。"这是周公要求康叔好好地协助周王保有殷民，安居天命，让他们在妹邦重新做人。
② 郭沫若：《先秦天道观之进展》，《郭沫若全集·历史编》第一卷，人民出版社 1982 年版，第 321 页。

有一个以日月风雨为其臣工使者的帝廷"。① 虽然这些说法在一定程度上揭示了殷人宗教观念之呈现于甲骨卜辞的某些客观事实，但我们决不能因此说，殷墟卜辞中没有"天"字，正如没有"士"字一样；也不能说殷人的宗教观念中，"天"字并不具有至高无上的意义内涵。

如所周知，殷墟卜辞中固然有"大戊"又作"天戊"、"大庚"又作"天庚"的辞例，足以说明"天与大其始当为一字"，② 但还不能因此肯定这"天"与"大"就有至高无上的意涵。因为"天戊"与"大戊"以及"天庚"与"大庚"，皆指涉同一对象，只能证明"天戊"与"大戊"或"天庚"与"大庚"在概念内涵上并无区别，却不能证明"天戊"与"天庚"便有至高无上的宗神地位。不过，与此不同的是，晚殷乙辛时代的卜辞也是既有"天邑商"又有"大邑商"的辞例，但陈梦家说，"凡称天邑商的记衣（殷）祭之事，凡称大邑商的记征伐之事并兼及田游。两者未必是一地。天邑商冠以所在之𡪡或黄林，疑即古朝歌之商邑"，而"大邑商疑在沁阳田猎区，凡正多方皆由此出师，出师之前告庙于大邑商"。③ 是则朝歌乃殷商帝都所在，称之为"天邑商"，显然较之地处今之沁阳的"大商邑"更具至高无上的尊崇与威严。由此可见，殷人把至上神称为"帝"而不称为"天"，并不意味着殷人的"天"全然没有至高无上的内涵。更何况，帝乙时代卜辞中尚存刻有"上帝"一名的卜骨残片，虽其上下文皆阙，没有更多信息有助于了解

---

① 陈梦家：《殷虚卜辞综述》，中华书局1998年版，第580页。
② 姚孝遂说："甲骨文天、大二字，形音义均相近"，"或以为'天与大，其始当本为一字'，这是有可能的"。见于省吾主编：《甲骨文字诂林》第一册，中华书局1996年版，第213页。
③ 陈梦家：《殷虚卜辞综述》，中华书局1988年版，第256—257页。

其准确意涵；但其所以称为"上帝"，若其不在"天"之"上"，又何从可谓之"上帝"？

然而，殷人以"天"为至高无上的观念究竟始于何时，却是一桩难以决断的公案。就可信的传世文献而论，早在盘庚迁殷的时代便已有"天"与"天命"的思想，并且与"上帝"为同义语可以相互置换为用。但郭沫若说，"卜辞既不称至上神为天，那么至上神称天的办法一定是后起的，至少当在武丁以后"，且郭氏进而推论说，"凡是殷代的旧有的典籍如果有对至上神称天的地方，都是不能信任的东西"。于是《尚书》与《诗经》与殷商有关的传世文献，依郭氏之说，便统统失去了史料价值。

不过，近人傅斯年却有与郭氏不尽相同的看法。傅氏说：

> 周之文化袭自殷商，其宗教亦然，不当于此最高点反是固有者。且天之一字在甲骨文虽仅用于"天邑商"一词中，其字之存在则无可疑。既有如许众多之神，又有其上帝，支配一切自然力及祸福，自当有"天"之一观念，以为一切上神先王之综合名。且卜辞之用，仅以若干场所为限，并非记当时一切话言之物。卜辞非议论之书如《周诰》者，理无需此达名，今日不当执所不见以为不曾有也。《召诰》曰："皇天上帝，改厥元子，兹大邦殷之命"，此虽周人之语，然当是彼时一般人共喻之情况，足征人王以上天为父之思想，至迟在殷商已流行矣。[1]

---

[1] 傅斯年：《性命古训辨证》，欧阳哲生编：《傅斯年全集》第二卷，湖南教育出版社2003年版，第 577—578 页。

傅氏之说，有如下几点值得注意：

其一，甲骨卜辞中既有"天邑商"一名，则殷人作为至高无上的"天"的观念理应存在。虽然傅氏其时尚不能确知"天邑商"与"大邑商"有何区别，但他根据"既有如许众多之神，又有其上帝，支配一切自然力及祸福"，推想殷人"自当有'天'之一观念"，确乎独具只眼。而后来陈梦家的相关研究，恰好证明了傅氏这一猜想的正确性。因此，有"帝"必当有"天"，不能否认殷人"天"与"帝"的观念同时并存的可能性。况且观念之为物，话语之中尚未有，意识之中未必无。否则"人人意中有，人人笔下无"的俗谚常谈，于今反成欺人的诳语。

其二，卜辞之所记，并不能全面反映殷人的宗教观念。"卜辞之用，仅以若干场所为限，并非记当时一切话言之物"，卜辞亦"非议论之书"。因此，"今日不当执所不见以为不曾有"。由此而论，则今文《尚书》的《商书》以及《诗经》的《商颂》等传世文献，未可全盘否定其应有的史料价值。殷墟卜辞所未有，其他载体未必无。地下材料与传世文献，只可相互补充，不可非此即彼，互相排斥。这应该是研究古代学术比较合理的思想方法。

其三，殷周宗教观念一脉相承，他们拥有共同的话语体系。"周之文化袭自殷商，其宗教亦然"，"周人之语"，其时当为一般人所"共喻"。诚然，如果殷周在宗教信仰上没有共同的观念系统与话语体系，那么武王与周公对殷人喋喋不休地反复宣讲的那套"天命论"的说辞，便无异于鸡同鸭讲或者对牛弹琴，殷人根本就没有办法听得懂！这是非常浅显直白的道理，犹如几何学的公理，不证而自明。[①]

考傅氏《性命古训辨证》始作于一九三六年夏天，郭沫若《先秦天道观的进展》初版于一九三六年五月，在时间上恰好先后相接，在看法上又如此相互对立；我疑心傅氏之作，虽然自称针对清儒阮芸台《性命古训》之"三蔽"而发，但并非丝毫不存有距斥郭氏之"诐辞"的胸臆在，观其《中卷释义》所持之论，这一点尤为明显。毕竟以郭沫若"殷人至上神称帝不称天"为前提，徇徇然究诘"帝"与"天"之不同来源及其不同性质者，不仅实繁有徒，且亦多非常可怪之论，以致与周人"天命论"的立说初衷相去甚远，已是晚近学术史上不争的事实。

旅美学人许倬云说，周人处在"晋陕甘黄土高原"，"日日看到的是经常晴朗，笼罩四野，直垂落到视线尽头的一片长空，这样完整而灿烂的天空，当能予人以被压服的感觉"，"因此天地就具备了无所不在，高高监临的最高神特性"。而殷商王畿所在之地，"可能有若干森林"，"所见的天空，比较支离破碎，未必有高亢地区那种天空慑伏人心的力量"，"于是商人最高神的来历，由祖神之一逐渐演变而来"。[②] 无独

---

① 对于傅氏之说，论者以为有两点可议：其一，"卜辞殊乏祀天的证据"；其二，"卜辞中的'天'没有苍天义，也没有神明义"。但论者又认为，"《诗》《书》及周金文中突然有了这种用法，很难说是周初短时期能发展出来，毋宁说是采用卜辞中的'天'字形式，而赋予与'上'相似的实质，甚至加上神明的意义"（许倬云：《西周史》，生活·读书·新知三联书店1994年版，第103—104页）。不过，第一，不"祀天"不等于没有"天"的观念，不专门"祀天"也不能肯定殷人没有祭天之礼。周武王的告天仪式在社庙举行，一定是因袭殷人常行的做法。卜辞"贞又燎亳土"（《佚》928）、"其又岁于亳土三小 [牢]"（《邺》）、"于亳土御"（《粹》20），这些与社祭有关的活动，当与武王于社庙告天有一定程度的相关性。第二，"天"的"苍天义"与"神明义"，也不是周人后来才赋予的。否则，"名实玄纽"，殷人与周人不可能达成"共喻"。论者之说，本无须置辩，笔者对傅氏的三点分析足以回应其说。但考虑到某种阅读心理，故而略赘数语，"予岂好辩哉？予不得已也！"孟子之说云然。

② 许倬云：《西周史》，生活·读书·新知三联书店1994年版，第104—105页。

有偶，大陆学者张桂光也说，"殷人所尊的帝的初意即为宇宙万物的始祖，是宇宙万物的生殖之神"，而"周人所尊的天，当是自然界中那浩浩苍天上的神灵"。因为"殷人由游牧活动而引起对生殖神'帝'的崇拜，周人由农业活动而引起了对自然神'天'的崇拜。这就是殷、周两族不同信仰的由来，这就是'帝''天'这两个观念的不同起源"①。许氏的文学描述不乏动人的抒情性，张氏的放言高论颇具炫人的玄学色。然而，就茫茫苍天而言，不仅为殷周之人所共，天下所有人皆共此一天，何以偏偏周人便对于天空具有"被压服的感觉"？且晴空万里，日月朗照，岂不令人心胸更为舒展！就日常生计而言，殷周皆以农耕为主业，商人并非逐水草而居的游牧民族，何以偏偏商人便要崇拜那个据说是"象征生殖"的女阴或花蒂？②这些看起来言之凿凿却不免似是而非的肤廓之论，无疑皆是拜郭氏之所赐。

事实上，殷商"天"与"帝"的观念自来便是并生共存，且相互关联与相互指涉的。说到"帝"必然想到"天"，说到"天"自然想到"帝"，其实就是"两者同出，异名同谓"的共生关系。这也是之所以在传世的商周文献中两者可以相互置换替代的根本原因。《尚书·多士》说"惟尔知，惟殷先人有册有典"，这是周公提醒殷遗回顾他们本族历史与文化时所说的话，他不可能当面谎说殷人所没有、所不知的事情。因此，决不能因卜辞未见，就轻易剥夺今文《尚书》中作为商周传

---

① 张桂光：《殷周'帝''天'观念考索》，《华南师范大学学报（社会科学版）》1984年第2期。

② 甲骨文"祖"字作"且"，郭沫若认为是男根的象形，也是从所谓"生殖崇拜"释其字义。但郭氏之说，未必可靠。当代古文字学界普遍认为，甲骨文之"且"乃祖宗牌位或木主的象形字，并非象男人勃起的阳具之形。

世文献的史料价值。

有鉴于此，与其枉费心力不着边际地玄想与铺排"天"与"帝"的不同来源及其属性，不如平心静气地踏踏实实读古人之书，以"了解之同情"客观地探究"天命哲学"之所以在殷周鼎革易代之际勃然而兴的历史原因。

古语有之曰："若药不瞑眩，厥疾不瘳。"[1]周人炮制了这副"天命哲学"的"瞑眩"之药，要对治什么病症，其药理如何，最后取得了什么疗效，又产生了什么毒副作用。质言之，也就是说，周人煞费苦心地演绎了这套"天命哲学"，究竟是出于什么动机，其理论内涵及其逻辑结构是如何设定与展开的，最终达到了什么目的，又产生了哪些始料未及的后续观念。这才是我们应当认真对待的问题。

不过，值得注意的是，西周初年的"天命"思想，并不是一成不变的，而是随着社会人事的纷扰动荡，无论在理论内涵上，还是在逻辑结构上，都是有所异动的。也就是说，在武王克商灭纣以至周公营建洛邑这短短的七年之间，周人经历了武王病逝、周公摄政、管蔡之乱、武庚反叛等一系列的动荡与变故，其"天命哲学"也因此而呈现出一个理论内涵不断丰富与深化，其逻辑结构也不断清晰而完善的演变过程。倘若不以这种变动不居的发展眼光来看待这个问题，则周人"天命哲学"的理论实质及其在社会治理方面的历史意义，亦即在当时所能发挥的现实功能或社会作用，便很难得到比较贴近而准确的把握。这是因为，所

---

[1] 《孟子·滕文公上》所引《尚书》逸文，不知出自何篇。伪古文《尚书·说命上》抄有此句，改作"若药弗瞑眩，疾弗瘳"。意思是说，如果药物不能让人产生眼发花、头发晕的昏厥感，那病是难以治好的。

谓周人的"天命哲学"，本来就不是一个纯粹宗教信仰或者哲学思辨的这种只是发生在书斋里的问题。有鉴于此，我们认为，以时间为经，以空间为纬，参照不同的言说对象，考察周人"天命哲学"背后的心路历程，无疑是非常必要的。此姑初陈梗概，并略作评述，至于是否得当，则有待于来学衡而定之而已。

考周人最早的"天命"说之见于载籍者，其实是武王在殷都朝歌面对殷商旧时诸侯百官，为自己"以臣弑君"阴谋逆袭上位所预设的开脱之辞。

据《逸周书》所载，武王率西土八国联军以"闪电战"歼灭了屯驻在牧野的殷商王畿卫戍守军之后，便挺进殷都，占领朝歌，紧接着便立即做了两件大事：一是举行告天仪式；二是召集殷遗训话。前者见于《逸周书·克殷解》，后者即《逸周书·商誓解》一文。

《逸周书·克殷解》说，武王驱车进入纣王住所，发三箭而后下车，以轻吕、黄钺斩纣王之头"县诸太白"，又"适二女之所"亦发三箭而后以轻吕、玄钺斩二女之头"县诸小白"。把战败者及其妃嫔的头颅悬挂于旗竿，这极大可能就是了结"肆伐大商"之所谓"肆"的一个环节，亦即"陈尸"以示众，否则战败者既已自焚而死，并无必要再行割下其头颅挂于旗竿之上了。当然，也可能是象征胜利者将胜利的消息初步"彰显闻于昊天上帝"的一种仪式，可以看作后续正式告天的前奏，然后才如期举行更加庄严隆重的告天仪式。

《逸周书·克殷解》说：

    及期，百夫荷素质之旗于王前，叔振（即曹叔振铎，卢文弨校补铎字）奏拜假，又陈常车，①周公把大钺，召公把小钺以夹王。泰颠、闳夭皆执轻吕以奏王。王入，即位于社，太卒之左。群臣毕从。毛叔郑奉明水，卫叔傅礼。召公奭赞采，师尚父牵牲。尹逸筴曰："殷末孙受，德迷先成汤之明，侮灭神祇不祀，昏暴商邑百姓，其彰显闻于昊天上帝。"周公再拜稽首，乃出。

这是说，到了举行告天仪式这一天，走在武王前面者，是声势浩大的仪仗队列，即由百人举着白旗组成的方阵。武王同母弟曹叔振铎准备了象征王者威仪的仪仗车，车上插着画有太阳和月亮且高达一丈六尺的太常大旗，然后跪拜报告武王说："庄严的时刻到了，请我王登车！"于是周公提着大斧头，召公拿着小斧头，也登车夹辅拱卫在武王左右。泰颠与闳夭皆各执剑器率领其他大臣，跟随在武王的仪仗车后面簇拥而行。武王进入事先搭盖的简易社庙之后，毛叔郑献上玄酒（其实是用阳燧在月光下承接的露水，故又称"明水"），康叔封做司仪主持告天仪式；召公奭奉上币帛祭品，军师姜尚父牵着牺牲，各司其职，各行其事。于是作册内史尹逸便宣读告天文书，公布商纣王的两大罪状：一是"侮灭神祇不祀"；二是"昏暴商邑百姓"。把"殷末孙受"的罪状，明白地宣告于"昊天上帝"。②告天文书宣读完毕，周公叩首再拜，

---

① 朱右曾说，"奏，进；假，嘉也。进白于王前，将拜受天之嘉命也。常车，威仪车，建太常，画日月"。

② 如前所述，武王告天仪式于社庙举行，颇可注意。许倬云认为商代没有"郊天"的祭祀活动，以"商时若有郊天之祭，卜辞中必不致一无所见"为由，反驳傅斯年"不当执所不见以为不曾有"。而《逸周书·克殷解》叙述武王告天仪式在社庙举行，足以反证殷墟卜辞虽然没有专门的郊天之祭，但不能说殷人全然没有至高无上的"天"的观念以及相关的祭祀活动。卜辞毕竟不是记事之书，殷人的"郊天"之祭在"亳社"举行，未必不可能。殷墟卜辞的相关证据，已见列于前文小注，兹不赘述。

仪式便结束了。

不言而喻，武王之所以举行如此庄严隆重的告天仪式，无非是要诏告天下：殷商王朝不复存在，从此以后，我们周人就是天下的主宰！

大约告天仪式结束不久，武王"褒封"武庚禄父于殷都"俾守商祀"之后，便召集殷商旧时诸侯及百官臣僚以及"太史友、小史友"等各路胜国遗民，做了一番貌似友好的演说而实质上却是一通严厉的训话。其主要目的就是向殷人宣布"天命"归周，殷遗才智之士应当识时务，明大体，义无反顾地投奔于西土，效力于周邦。武王有较强的逻辑思维能力，也有比较娴熟的演说技巧。当然，不难理解，他的这番演讲之所以话锋凌厉，底气十足，除却手中握有杀人的利刃与屠刀，他嘴里那套"天命"说辞也是直捣殷人心扉的唇枪与舌剑。

《逸周书·商誓解》说：

> 嗟，尔众！予言非敢顾天命，^① 予来致上帝之威命明罚。今惟新诰命尔，敬诸！^② 朕话言自一言至于十话言，其惟明命尔。……今在商纣，昏忧天下，弗显上帝，昏虐百姓，奉天之命。^③ 上帝弗显，乃

---

① 顾当读寡，《礼记·缁衣》"君子寡言而信，以成其行"，郑玄注："寡当为顾，声之误也。"是顾、寡声同通用之证。"寡天命"，犹言蔑视天命，与下文"不敢忘天命""无敢违天命"相照应。《左传》成公十三年"蔑我死君（原作'蔑死我君'，兹从《释文》或本），寡我襄公"，则"寡"与"蔑"相对为文，且"寡我襄公"与"寡天命"，句法从同。是"寡"犹"蔑"也，杜预注"寡"为"弱"，未达一间。
② 新，《广雅·释言》："初也。"赵岐《孟子题辞》"施于新学"，焦循《孟子正义》："新，初也。"尔，即尔众。
③ 昏忧，当为昏扰之讹；同义复词，扰乱之意。显，当读为宪，效法也。刘师培说，奉当作章，《说文》"章，相背也"，章奉形近致讹。下文"予亦无敢违天命"，其证也。

命朕文考曰：殪商之多罪纣。① 肆予小子发，不敢忘天命。朕考胥翕稷政，肆上帝曰必伐之。② 予惟甲子，克致天之大罚。□帝之来，革纣之□，③ 予亦无敢违天命。

武王说，"今惟新诰命尔，敬诸"，由一"新"字，足见这是周人第一次面对殷人发布"诰命"。且武王对殷遗的呼告用语是"尔众"不是"多士"，也说明"多士"是后来由周公针对殷遗的特殊人群所创用的称号，武王时尚无其语。且因为是初次面对殷人讲话，武王的开场白也略显谨慎与温和。"话言"一词，亦颇含亲切与和善的意味。④武王说："请你们大家注意了！我想跟你们说：我并不敢轻蔑上天的旨意，我来到殷都，就是要把上帝威严的命令送过来，明确传达上帝对商纣王的严厉惩罚。这是我第一次给你们做报告发命令，你们可是要认真地听好了！我所说的一切，无论是简单直白的三言两语，还是反复告诫的啰唆谈话，无非都是对你们进行善意而正当的引导。"做了这个略显温和的开场白，便摆明其始祖后稷发明农业种植的历史功绩，然后便语气严厉地转入了有关"天命"的说辞。

---

① 上帝弗显，当与"斯用显我西土"之"显"意同，显扬也。商纣王罪恶多端，上帝不再让他光耀于天下了。

② 小子发，武王名发；小子，年幼也，自谦之词。胥，相也。翕，合也。胥翕稷政，言与后稷之政相符合。

③ □帝之来，孙诒让据《墨子·非攻》补为"成帝之来"，读"来"为"赉"。革纣之□，庄述祖补"命"字。

④ 话，《说文解字》："合会善言也。从言昏声。《传》曰'告之话言'。譮，籀文语从言会。"是"话"之本义，即召集起来发布"善言"。所谓"善言"，即《论语》"忠告而善导之，不可则止"之"善"字。则"话言"，犹今语所谓"召开会议，好好劝说开导"，与《尚书·盘庚》"话民之弗率"之意从同。如此训解，方可传达武王的语态与语气。

武王的"天命"说，其针对性比较明确，因而其思想内容也并不复杂：一是与他所谓"一夫纣"的声讨之辞相表里；二是威逼殷遗才智之士归顺周邦以效力西土。

针对前者，虽然他反复觊缭，翻来覆去说了许多；但究其实质，不过一个意思："肆予小子发，不敢忘天命"，"予来致上帝之威命明罚"。因此，无论是近拉其先父文王，还是远攀其始祖后稷，不外乎是遵奉"上帝"之"威命"以"吊民伐罪"而已。这与他牧野誓师之辞数落商纣王"惟妇言是用"等罪状之后说"今予发，惟恭行天之罚"，其思想逻辑都是一脉相贯的。

针对后者，虽仍以"致上帝之威命明罚"为前提，却不免流露出以暴力征服反以救星自任的自鸣得意。他说，"予既殛纣承天命，予亦来休命"，认为克商灭纣固然是他自"承天命"，但目的却是要用他所"承"之"天命"给你们这些痛苦地生活在"多罪纣"之治下的可怜虫带来福祉与好运。既然如此，你们殷人就应当"宜在天命"，并且"助天永休于我西土"。这是用"知恩图报"以"自求多福"的车轱辘逻辑，迫使这些胜国遗民顺应"天命"，在西土心无旁骛地效命于周邦，心悦诚服地接受周人的统治，用勤劳和汗水赢得"天"的垂顾，从而获得更多的福祉。

由此可见，武王的"天命"说非常简单直白，无非是借"天命"以证明殷商王朝灭亡的合理性以及周人灭纣克商的正当性；因而失败的殷人理应接受"天命"，顺应"天命"，老老实实地臣服于周邦，就是他们唯一正确的选择。

如前所述，以邦国性质而言，武王克商不过是以文化落后的"小邦周"取代了"天邑商";以道德品行而言,武王灭纣也无非是"以臣弑君""以暴易暴"而阴谋逆袭上位的军事暴发户;其立国建政的合理性与合法性大受天下所诟病、所质疑。虽然他忍痛割爱,"褒封"了几个所谓远古"先圣王"的后裔来替他减压"分谤";又分封了纣王之子武庚禄父以杜天下悠悠之口,但毕竟不能在道义上服天下之心。于是"天命"说便成为一个无往而不胜的辩护辞,既是应对社会各方诟病与质疑的铜墙铁壁,也是镇服天下人心的万能法器。

不过,武王的"天命"说虽然有相当明确的针对性,并无多少值得注意的理论深度;但也毋庸讳言,其所谓"天维用重勤,兴起我,罪勤我,无克乃一心"的说法,也的确颇具值得重视的思想价值。他的言下之意,当然首先是要告诉殷遗,周人之所以能得"天命"的眷顾,无非是他们勤劳所得的结果。① 但是,所谓"无克乃一心"的说法,却设立了"天"具有某种不变的德性,即:"天"无论在何时,无论在何地,对于任何人都是没有偏爱的,一贯都是公正无私地奖励勤苦辛劳而惩罚游手懒惰的。由此可见,周武王之所谓"天"与"天命",似乎涵摄着某种"放之四海而皆准"的恒定品格;同时,"天维用重勤"也蕴含着某种"天道酬勤"的思想因子。因此,武王的"天命"说,不仅埋下了周人"天命哲学"继续发展的先天种子,而且也直接开启了"天道酬勤"这一被勤劳勇敢的华夏民族延续了几千年的优良传统。

然而,周武王的"恒定天命"说,却立刻遭到来自周邦内外不同

---

① 周公后来也屡屡提及武王这个话头,如《尚书·大诰》说,"尔惟旧人,尔丕克远省,尔知宁王若勤哉",即是其例。

力量的严重挑战。由管蔡之乱所引发的武庚之叛，打乱了周武王"天命"说的既定逻辑。在暴乱即将发生的危急关头，周人不免多少有些乱了方寸。我们仿佛听到遥远的历史天空传来周公饱含苦涩的声音：

> 弗吊天降割于我家，不少延。洪惟我幼冲人，嗣无疆大历服，弗造哲迪民康，矧曰其有能格知天命！……有大艰于西土，西土人亦不静，越兹蠢。殷小腆，诞敢纪其叙。天降威，知我国有疵，民不康。曰"予复"，反鄙我周邦，今蠢今翼。

《尚书·大诰》开首这段文字，颇类于后世在国家危亡之际通电全国的告急文书。周公说，无情的老天爷降下灾害于我们老姬家，一个接一个，使我们没有稍事喘息的时机。其一，武王过早去世，继位的君王尚在幼冲之年，难以履行君王这个责任无比重大的职位。其二，国家初立，君王幼弱，社会生活尚未走上康乐安宁的道路，"天命"的未来走向，也难以逆料。其三，西土将面临一场不可避免的战争，周邦王室宗亲同根相煎。然而，平定内乱，不免骨肉相残，甚至投鼠忌器。其四，值此危难之际，"俾守商祀"的武庚禄父也乘机蠢蠢欲动，反图周邦，妄图复辟殷商王朝，另立殷人的新统绪。总之，一句话：周邦的"天命"已然受到了严重威胁！

这是周公在宗周面对诸侯邦君及朝廷百官所发布的公开讲话，由于他害怕引起朝野上下普遍的人心浮动，并没有把他内心真正的忧患和恐惧完全暴露出来。事实上，在公开发布这个称为"大诰"的战争动员令前夕，周公为了事先达成平叛的共识，已经单独与召公奭做了一次推心置腹的促膝长谈，① 将他内心的恐惧与忧患，早就对召公奭无所保留地和盘托出了。这就是那篇《尚书·君奭》所记录的周人内部最高层的私密谈话。周公说：

> 君奭，弗吊天降丧于殷，殷既坠厥命。我有周既受，我不敢知曰厥基永孚于休，若天棐忱，我亦不敢知曰其终出于不祥。呜呼，君，已曰时我，我亦不敢宁于上帝命，弗永远念天威越我民罔尤违，惟人。在我后嗣子孙，大弗克恭上下，遏佚前人光；在家不知天命不易，天难谌，乃其坠命，弗克经历嗣前人恭明德。在今予小子旦，非克有正，迪惟前人光施于我冲子。又曰：天不可信。我道惟宁王德延。天不庸释于文王受命。

周公说，无情的老天爷已经给殷商降下了丧亡之灾，殷人的"天命"也就随之而坠落了。我们周人虽然现在接受了殷人的"天命"，但是我不敢保证说，我们周邦这才刚刚开始拥有的上天荫庇是不是能够永久地保持下去。"若天棐忱"，如果"天"是没有诚信而不可依赖的，那么我也不敢保证说，我们周邦到最后会不会出现什么不好的结局。虽然现在"上帝"是站在我们周邦这一边的，但我们也不敢就此放心大胆地安享于"天命"，而是必须永远牢记上天可怕的威严以及民众可能对我们产生的怨恨。所有这一切都只能寄希望于人事的努力。如果我们的后代接班人，对上天与下民没有敬畏之心，把我们先辈的光辉品德

---

① 参见拙作《西周末年的鉴古思潮与今文〈尚书〉的流传背景——兼论〈尚书〉的思想意蕴》，台湾《汉学研究》第十九卷第一期（2001 年 6 月）。

完全遮蔽了或者放弃了，生长在深宫高墙之内，不懂得保有"天命"的艰难；而"天"又是靠不住的，是不能盲目地依赖的，那么迟早有一天就会丧失"天命"；因而也就再也没有机会可以永远继承我们先辈的光辉品德了。虽然我本人并没有什么正大光辉的德行可为年轻的君王做表率，但我可以将先辈的光辉品德传教下移到我们年轻的君王身上去。周公反复申述这些说法，并作补充与归纳说，"天"是不可依赖的。我们要设法把文王之"德"延长下去，不能让它坠落失传了。文王所接受的"天命"也不是一劳永逸的，"上天"也不会无条件地永久眷顾于我们周邦。

周公不仅从周邦当前的政治危机中体会到"天命不易，天难谌"，也从殷人灭亡的既往历史中总结出"靡不有初，鲜克有终"的深刻教训。他对召公说，"天寿平格，保乂有殷。有殷嗣，天灭威"，意思是说，上天只把那些政治清明、社会安定、官吏正直、民心纯朴的邦国引为自己的同调，所以在成汤以来先世明王治理之下的殷商王朝，就一直得着上天的支持与庇护。但到了殷人的后继者商纣王的时代，上天就显示了它的威严，突然便把商王朝灭亡了。因此，周公说，"予监于殷丧大否，肆念我天威"，我们必须从殷人丧邦亡国的惨痛历史中汲取教训，永远牢记上天的威严与可畏。只有这样，才能巩固我们来之不易的"天命"，才能最终使我们的新建周邦走向繁荣与昌盛，故曰"则有固命，厥乱明我新造邦"。然而，有了好的开头，未必就有好的结局。周公最后还特别提醒召公说，"君，惟乃知：民德亦罔不能厥初，惟其终"，意思是说：没有哪个人在开始的时候不是谨慎小心、兢兢业业，却很少有人能够把这种良好的品德坚持到最后。这个道理，我想您老兄也是非常明白的。由此可见，无论是现实的危机，还是历史的启示，周人深刻地意识到"天命"是难以把握的。

郭沫若认为，周人说"天不可信""天难谌"乃至"天命不于常"，是"对于天取着怀疑的态度"。他说，"周人一面在怀疑天，一面又在仿效着殷人极端地尊崇天"，而"极端尊崇天的说话是对待殷人或殷的旧时的属国说的，而怀疑天的说话是周人对着自己说的"。这就意味着，"周人之继承殷人的天的思想只是政策上的继承，他们是把宗教思想视为了愚民的政策。自己尽管知道那是不可信的东西，但拿来统治素来信仰它的民族，却是很大的一个方便"。[①] 郭氏之说，初看似觉颇为有理，细按之却不尽其然。因为他完全脱离了具体的历史背景而孤立地理解周人"天不可信"或"天命靡常"的思想内涵。事实上，所谓"天命不易，天难谌"，与其说是周人"对天取着怀疑的态度"而不相信"天命"，毋宁说是周人在当下的政治危机中因笃信"天命"而萌生了巨大而沉重的忧患意识。[②]

显而易见，周邦的政治秩序出现了危机，周人的"天命"学说便做出了重大的观念调整。周武王那套"天维用重勤""无克乃一心"的"恒定天命"说，初可应对殷人及社会各方的质疑与不满，但并不能解

---

① 郭沫若：《先秦天道观的进展》，《郭沫若全集·历史编》第一卷，人民出版社1982年版，第334—335页。

② 近人杨宽亦不同意郭氏的看法。杨氏说，"《诗》《书》中关于'天''帝'之语，不外敬畏称颂与呼号怨愤，如《诗·大雅·板篇》亦云'上帝板板，下民卒瘅'，盖于怨恨愤激之时，不免作怨天疑天之辞，非于天道观念有突变也。亦犹今日民间颇不乏怨天恨命之言，而其尊天尚命之观念实未尝稍变。盖以天帝有意想人格，故怨之。怨之尊之，言行相反，而其天道观念初无不同也"。见杨宽：《中国上古史导论》，《古史辨》第七册，开明书店1941年版，第122—123页。

决当下现实中周邦突如其来的政治危机。于是在笃信"天命"的前提下，萌生"天命不于常"的忧患意识也就情有可原了。然而，如何应对这"不可信""不于常"的"天命"，在这"天命靡常"的忧患意识之中，便顺理成章地导出了"以德配天"的自律意识。

有鉴于此，周公自问自答地对君奭说，"在昔上帝，割申劝宁王之德，其集大命于厥躬？惟文王尚克修和我有夏"，"亦惟纯佑、秉德、迪知天威，乃惟时昭文王迪见，冒闻于上帝；惟时受有殷命哉"！周公既是反问也是反思地说，在过去的那些日子，"上帝"为什么经过不断地反复观察先父文王的德行而后把天之"大命"降临到他的身上呢？还不是因为先父周文王能够长久地让我们周邦互相团结，彼此和睦。也是因为我们周邦的朝臣，个个德配其位，人人能称其职，懂得敬畏天命，不敢冒犯上天的威严，从而辅助先父文王创造了邦国的良好社会风气与政治秩序。明君贤辅的所有这些善德与善政，都被上帝一一看在眼里。正是由于施行了这些美好的善德与善政，我们周邦才得到了上帝的认可，因而就从上帝那里接受了殷人的"天命"。

因为满足了"上帝"对"德"的要求，所以就从上帝那里获得了"天命"。根据同样的逻辑，如果要保住周邦现已到手的"天命"，除非继续仿效先父文王"修和我有夏"，否则没有更好的办法。傅斯年说，"一切固保天命之方案，皆明言在人事之中。凡求固守天命者，在敬，在明明德，在保乂民，在慎刑，在勤治，在无忘前人艰难，在有贤辅，在远憸人，在秉遗训，在察有司，毋康逸，毋酣于酒。事事托命于天，而无一事舍人事而言天，'祈天永命'，而以为'惟德之用'。如是之天道即人道论，其周公之创作耶？抑当时人本有此论耶"？[1] 傅氏所罗列的这些"固保天命"的"人事方案"，都可以看作周人所谓"以德配天"这个"德"的具体内涵。归纳傅氏所列举的这些具体之"德"，实际上就是周公之所谓"闵于天越民"，亦即"敬天"与"保民"两个大的方面。不过，傅氏之说不免稍有夹缠之弊，因为周人之所谓"德"，除却有关国家治理的行政举措及其政策法令之外，作为国家最高统治者的君王，其个人行为及其道德品格也是影响国家政治与社会治理的重大因素，如傅斯年所列举的"毋康逸，毋酣于酒"，即是其例。而《尚书·无逸》则更是周公对年幼的成王进行君王品德教育的课训之辞。由此可见，所谓"德"，实际上包含着两个方面的内涵，既关乎国家治理的政治举措，也关乎君王本人的个人品行。因为这两个方面都对国家的政治秩序以及民情风俗具有或直接或间接的社会影响力。

周人在现实政治危机中强烈地感觉到"天命靡常"的忧患与恐惧，由此而悟到了"以德配天"的儆戒与自律，从而丰满与完善了"天命哲学"的理论内涵。经过这番调整、充实与提高之后的"天命"学说，其作为思想武器，便更加具有了无坚不摧、所向披靡的强大威力，用它来镇服天下人心，弹压殷商遗民的不满与反抗，克奏奇功。而且，这个经过重新加工淬火的思想武器最为锋利之处，就是用这套"以德配天"的"天命"说，可以把那些不满周人压迫而试图反抗的殷商遗民推向了十分窘迫的二难境地，让他们舌挢而不能举，有口而不能辩，只好忍气吞

---

① 傅斯年：《性命古训辨证》，欧阳哲生编：《傅斯年全集》第二卷，湖南教育出版社2003年版，第585页。

声，自甘认命了。

大抵在管蔡之乱与武庚之叛的特殊时期，那些迁徙到宗周的殷遗可能产生了徘徊与观望，甚至还可能出现个别逃亡现象，因而周人不得不采取抓了又放、放了又抓等软硬兼施的办法，对这些殷遗做耐心细致的驯化工作。① 除了针对逃亡者进行个别打击与说服之外，周公还集中对这些殷遗做了两次训话：一是消灭了奄君薄姑之后，在宗周对"四国多方"及"殷侯尹民"的训话，即《多方》；一是东都洛邑建成之后，在洛邑对"殷遗多士"的训话，即《多士》。这两篇文诰的基本主旨，就是对胜国遗民宣讲周人新近从刚刚结束的动荡与流血之中所领悟到的"以德配天"的"天命"学说，以消除他们的抵触与反抗情绪。因此，周公这两篇训辞，无非是要讲明有关"天命"的三个历史事实。

第一，有夏图帝之命，成汤革夏。

《尚书·多方》说：

> 洪惟图天之命，弗永寅念于祀，惟帝降格于夏。有夏诞厥逸，不肯慼言于民，乃大淫昏，不克终日劝于帝之迪，乃尔攸闻。

---

① 《尚书·多方》说，"尔乃不大宅天命，尔乃屑播天命，尔乃自作不典"，"我惟时其教告之，我惟时其战要囚之，至于再，至于三"，即是其证。周公训斥说，你们不从长远观察"天命"，以为有一点暂时的风吹草动，周邦就要变"天"了；你们事事处处与"天命"相违背；你们触犯规矩，破坏法纪，行为多有不轨。为此，我多次教育你们，告诫你们；也不断地一而再，再而三地反复抓了放，放了抓，就是要让你们彻底清醒过来，不要有任何不切实际的幻想。由这些说法与做法来看，周公之于殷遗才智之士，不仅不愿意发生大规模流血冲突，甚至对于少数个别的杀戮行为也是很慎重的。或者周公的做法与想法，与武王有所不同。

> 厥图帝之命，不克开于民之丽。乃大降罚，崇乱有夏，因甲于内乱，不克灵承于旅，罔丕惟进之恭，洪舒于民。
>
> 亦惟有夏之民叨懫，日钦劓割夏邑。天惟时求民主，乃大降显休命于成汤：刑殄有夏。

周公说，"天命"是任何时候都必须敬畏的。夏王朝最大的失误，就是鄙弃（"图"与"鄙"上古皆写作"啚"，可通用）上"天之命"，没有把虔诚地祭祀上帝时刻牢记在心，因此上帝便对夏王朝降下了警告。然而，夏桀对上帝的警告却置若罔闻，不仅不关心民生疾若，反而更加放纵自己。于是上帝就对夏桀降下了严厉的惩罚，让夏王朝更加混乱不堪，夏桀的宠妃妹喜与朝臣伊尹秽乱于后宫。夏王朝各级官员也无不爱财如命，敲骨吸髓，百般荼毒百姓，以致夏朝百姓也越发利欲熏心，贪财好货，把损公肥私当作最大的愉快因而人人乐此不疲。于是夏王朝的政俗民风，就这样在上行下效的恶性循环之中一天天地败坏下去。

夏王朝从下到上腐败透顶，上天要为天下百姓重新寻找主人，便给成汤下达了一道光荣而伟大的命令："刑殄有夏！"因此，成汤带头率领你们各个邦国，一起灭亡了夏王朝，从而取代夏桀，做了天下百姓的新主人。

在《尚书·多士》的训词中，周公也反复强调说，"惟帝不畀，惟我下民秉为，惟天明畏"，上帝是不会盲目地把"天命"下降给任何人的，他要观察下民的所作所为，然后再作判断，因为上天的威严一丝不苟，是决不含糊的。"有夏不适逸，则惟帝降格，向于时夏"，夏桀不能有效地节制他的昏德乱行，上帝给他降下了警告，对他进行了规范与引导；可是夏桀拒不遵循上帝的命令，继续荒淫无度。于是上帝只好收回了夏桀的"王命"，给他降下了惩罚，因而这就命令你们的先祖成汤，革去了夏王朝的"天命"，从而让天下的优秀人物来治理天下四方，"乃命尔先祖成汤革夏，俊民甸四方"。

第二，我周克堪用德，帝命割殷。

成汤革了夏王朝的"天命"，率领你们多邦的民众，取代夏桀做了天下的"民主"，建立了殷商王朝，于是谨慎地设置了各种政教措施，劝诱天下之民。周公在《尚书·多方》中说，"乃惟成汤，克以尔多方，简代夏作民主，慎厥丽，乃劝厥民刑，用劝"。因此，你们殷商王朝自成汤"以至于帝乙，罔不明德慎罚，亦克用劝；要囚，殄戮多罪，亦克用劝；开释无辜，亦克用劝"，采取了正面引导以及处罚犯罪等各种有效措施，鼓励与教化天下百姓，所以自成汤至于帝乙，便一直享有"天命"。

周公在《尚书·多士》中也说，你们殷商王朝得了"天命"之后，"自成汤至于帝乙，罔不明德恤祀，亦惟天丕建保乂有殷。殷王亦罔敢失帝，罔不配天其泽"，意思是说，殷商各代君王，无不在"敬天"与"保民"两个方面做出了很多成效，配得上天帝的恩泽。可是，到你们后来的商纣王，不仅没有善德善政上闻于天，"在今后嗣王，诞罔显于天"，更是把先祖勤劳于王家的历史传统完全抛弃了，"矧曰其有听念于先王勤家"。你们的商纣王在位之后，纵情享乐，荒淫无度，"诞淫厥泆，罔顾于天显民祇"，完全不顾忌上天的威严。"惟时上帝不保，降若兹大丧"，因此，上帝对殷商王朝再也不加庇佑，终于给他们降下了如此之大的灾难。

因此，周公在《尚书·多方》之诰中，便明确地告诉这些四国多邦及殷遗人士说，"惟我周王灵承于旅，克堪用德，惟典神天。天惟式教我用休，简畀殷命，尹尔多方"，意思是说，正是由于我们周邦的文王和武王以善德恩覆于天下民众，也以善政赢得了祭祀上天与神灵的机会，因而上天也就给我们周人降下了福祉，让我们取代了殷人的"天命"，来主宰和统治你们四国多邦。这也就是"弗吊旻天大降丧于殷，我有周佑命，将在明威，致王罚，敕殷命终于帝"的根本原因。因此，周公又于《尚书·多士》严词训斥那些不满与反抗的殷遗说，"非我小国敢弋殷命，惟天不畀，允罔固乱，弼我，我其敢求位"！意思就是说，并不是我们小小的周邦敢于觊觎你们殷商大国的"天命"，而是因为上天再也不看好你们，不愿意把"天命"继续给予你们殷邦。因为你们的商纣王，把撒谎骗人的把戏表演得无比诚实，简直就跟真的一样；还把残酷镇压民众的反抗当作维持政权稳固的法宝。这不正好帮了我们周邦的大忙，把天下的百姓统统逼到我们周邦这一边了吗？所以上天便命令我们周邦说：去剥夺殷人的"天命"吧，然后把胜利的消息报告于天庭！"有命曰：割殷！告敕于帝！"由此可见，这哪里是我们周人胆敢奢求天子的大位呢！

第三，夏迪简在王庭，我有周惟率。

《尚书·多士》说：

> 惟尔知，惟殷先人有册有典，殷革夏命。今尔又曰：夏迪简在王庭，有服在百僚。予一人惟听用德，肆予敢求尔于天邑商。予惟

率，肆矜尔。非予罪，时惟天命。

周公在洛邑对这些参与洛邑营建的"殷遗多士"们说，正如你们
所知道的，你们殷商的先人留下了许多文书和典册，里面记载了不少
"殷革夏命"的历史往事。所以现在，你们之中也还有人援引你们殷商
的早期历史文献对我们周人说，"我们殷人革了夏王朝的天命，也把夏
王朝的优秀人才选拔到我们殷商的王庭，让他们在朝廷各个部门中担任
重要的职务"。的确，你们说得不错，我们之所以把你们选拔出来，也
正是援引你们殷商王朝曾经对待夏人的方法，根据你们自己的德行与才
能，给予你们一定的职位，让你们老老实实地服务于我们周邦。这并不
是我要斗胆把你们这些殷人从"天邑商"那个"天朝上国"请到我们小
小的周邦来吃苦受罪，而是因为你们殷人如同夏王朝一样丧失了"天
命"，所以我出于对你们的同情与怜悯，就像当年你们殷人同情与怜悯
夏人一样，收留了你们。你们当初如何对待夏人，我们周邦也就如何
对待你们殷人！难道这是我们周邦的过错吗？这实在是上天的命令与
安排！

周公之所以提醒殷遗回忆这些夏殷之际的历史往事，目的在于
利用"以德配天"的历史逻辑，既要解释有殷何以取代了有夏的"天
命"，也要解释周邦何以成功地完成了"割殷"的壮举。因此，如果
殷人肯定"殷革夏命"是正当与合理的，那么也就必须承认周人"割
殷"乃是同样正当与合理，因而丧失"天命"的殷人必须老老实实
地臣服于周邦，正如当年夏人所以有幸获得"迪简在王庭，有服在
百僚"的生存际遇，无非是心甘情愿地奔走效力于殷邦一样，自认丧

邦亡国而甘愿忍耻含垢，以服从"天命"的残酷安排而已。于是周公用"以德配天"的"天命"学说，将殷遗多士推向了历史逻辑的二难境地。这就是说：要么采取历史虚无主义，否定本民族的辉煌过去，违心地指责"殷革夏命"之非义；要么接受丧邦亡国之既成事实，直面当下的惨淡人生，俯首帖耳地臣服于周邦，无怨无悔，奔走效力以"自求多福"。

然而，尤为吊诡的是，周公对这些殷遗人士说，"告尔殷多士，今予惟不尔杀，予惟时命有申：今朕作大邑于兹洛，予惟四方罔攸宾；亦惟尔多士攸服奔走臣我多逊"，这是将公然强迫殷人效力于周邦，演绎成周人的怀柔与宽大，用"刀下留人"的招数，赚得殷遗由衷地感戴周人的不杀之恩。又将掠夺役使殷遗多士的智慧与才能，说成是援引因循"殷革夏命"的旧例，那也是借用你们老祖宗曾经役用夏人的手段。因而无论是"刀下留人"以沽宽大怀柔之名，还是借殷人之故技以役使殷遗之才智，都不过是"以其人之道，还治其人之身"而已。

面对如此诡谲的政治韬略，如此窘迫的逻辑困境，以致无论周公的讲话态度如何强硬，语气多么凌厉，甚至其生活境遇如何悲惨，那些丧邦亡国的"殷遗多士"也只好忍气吞声，无言以对。除非自认悲苦，改变心态，"作新民"于周邦，别无良策！

综上所述，周人的"天命"学说并非一成不变，而是随着西周初年社会人事的动荡与播迁，其理论内涵与逻辑结构也是不断变化与更新的。武王的"天命"说，其初衷是要杜塞天下悠悠之口，为自己"以臣弑君"的逆袭行为作辩护，从而解释周人建政立国的合理性与合法性。但是，由于武王早逝，管蔡称乱，武庚反叛，值此风雨飘摇的历史动荡之际，周人忽然意识到"天命不于常"的忧患与恐惧，于是将武王"天维用重勤"的"恒定天命"说做了方向性的改造与补充，便自然而然地产生了"以德配天"的儆戒与自律。然而，这经过改造过的"天命哲学"，却不期而然地发生了如同可以左右两割的双刃剑一样的双重作用：一方面是周人内部可以用它来激励自身的德行与修养，自觉地提升国家治理的政策水平与执政能力；另一方面，对于胜国遗民来说，则可以镇抚他们的抵触与反抗。只要这些殷遗人士稍有丝毫不老实的迹象，就可以祭起这道"以德配天"的"天命哲学"，把他们推向历史与逻辑的"二难困境"，从而迫使他们要么承认"殷革夏命"之非义，要么接受"天命"的既定安排，安分守己，服服帖帖地效命于周邦。

　　不过，周人经过了"以德配天"的充实改造而适于左右两割的"天命"学说，随着西周初年那些胜国遗民的逐渐谢世，新生代的族群矛盾也不断弱化，其左右两割的历史使命亦告完成。然而这段历史虽然结束了，但是其理论价值却超越了具体的时代，从而在未来的历史传统中产生了无比深远的思想影响。周人自始至终都保留着这个"以德配天"的思想传统以自儆与自励固不待言，从周公移封康叔于妹邦的《康诰》《酒诰》与《梓材》三篇诰词，以及《召诰》与《洛诰》所记录的周公与召公在营建洛邑时的谈话，乃至《诗经》中《大雅》与《小雅》的许多篇章，我们自会发现这一思想传统是多么源远而流长。而且在中国几千年的政治思想史上，这个"以德配天"的"天命"学说同样是一线贯注而从未间断的，无论是汉儒董仲舒《春秋繁露》的"天人合一"之论，还是宋代道学家朱熹的"天理人欲"之辨，无不从周人的"天命哲学"挹取其思想，抽引其端绪，从而开铸出新的人文传统。

情绪与历史：
一个不应忽视的因果律

还在殷高宗武丁的时代，周人不过是栖居在位于今天晋西南汾水与涑水流域交汇之处的一个小小的部落与族群，因为不堪殷商王朝的"璞伐"与打击，便蹚过黄河，沿着泾渭流域辗转西行，最终在岐山之阳找到了适于居住与耕种的一片肥沃之地，并且把他们在晋西南曾经使用过的地名或族名也随之带到了这个新的地方，仍然自称为"周"。他们辗转迁徙避居在这个地方，从此远离了殷人的视线，不再受到殷人的打击和威胁。进而在不断与周边的戎狄种落反复较量过程中，不仅巩固了后方，也大大增强了国力。不过，他们虽然暂时避开了殷人的"璞伐"，但如果不能迅速地使本族发展壮大起来，便有可能仍然逃脱不了继续被殷人追杀乃至惨遭灭亡的命运。而先前在涑汾流域所受到的屈辱，也并没有因为远离了殷人的直接打击便遗忘了过去的伤痛。于是"肆不殄厥愠，亦不陨厥问"，自古公亶父迁居岐山之后，便改变了过去与殷商王朝以硬碰硬的对抗方式，化干戈为玉帛，但同时也在暗中立下了翦灭殷商的宏图大愿，拟定了"燮伐大商"的军事密谋。他们不断地通过求和、示好、朝见、联姻、结盟、效力等种种手段与方式，终于博得了殷人的赏识与信任。到了古公亶父的孙子姬昌的时代，周人便开始"拉大旗作虎皮"，抓住有利时机，利用殷商王朝"赐之弓矢斧钺，使西伯得征伐"的军事任命，以鸡毛当令箭，在周边弱小部族之间大造"受命"的舆论声势，从而在名义上打着"征殷之叛国"的旗号，在暗地里却不断地乘机扩大自己的势力范围，壮大自己的军事力量，神不知鬼不觉地一步步向殷商腹地大举推进。他们甚至故意设下圈套，诱导好大喜功的殷商王朝犯错误，并且在商纣王"大蒐于黎"的军事庆功活动中，蓄意制造摩擦，挑起殷商王朝与其盟邦东夷种落的矛盾从而引发战争，然后趁着殷商王朝远征东夷，京畿防守薄弱，首尾难顾的军事空隙，出其不意地发动"闪电战"，消灭了屯驻在殷都近郊牧野的卫戍部队，继而势如破竹地攻克了殷都朝歌，迫使孤立无援的商纣王兵败自焚，而强大的殷商帝国就这样在一夜之间轰然坍塌！

总而言之，殷周鼎革的事实真相，用以下几句话来概括，应当是恰如其分的。

这是一段充满谎言与欺骗的历史！

这是一段从卑躬屈膝走向扬眉吐气的历史！

这是一段韬光养晦以屈求伸而终于一雪前耻完成夙愿的历史！

这是一段没有道德与是非也无所谓正确与错误的历史！

商纣王在毫无防范之中被自己深信不疑的盟友战败了，殷商王朝也在花团锦簇的光荣与梦想之中一夜之间垮台了。殷周鼎革的实质，不过是一个文化落后的"小邦周"取代了文化先进的"天邑商"；周武王也不过是一个名副其实的通过世代阴谋逆袭上位的军事暴发户。不过，这个军事暴发户却并没有丧失理性与良知，他对自己民族的过去与未来有着深刻的洞见。因此，就在周人的胜利狂欢尚未完全到达意兴阑珊的峰值时刻之前，颇有自知之明的周武王便提前进入了焦灼状态。他知道，无论是文化的发达程度，还是科学技术的先进水平，地处西偏的"小邦周"远远落后于领先时代的"天邑商"。而且，那东部地区的大片土地与民人的治理与管控，对于落后的周民族而言，更是面临着巨大的挑战。还有那掩埋在周人内心深处的文化自卑感，也是无情地螫啮着这些胜利者脆弱心房的毒虫子。如何杜塞天下悠悠之口，消除殷商及其旧时属国的不满与不屑，以及如何拉拢殷商旧有优秀人士，利用他们的聪明与才智，使他们俯首帖耳地效命于周邦，也直接关系到新建周邦的政治稳定与社会繁荣。

面对这一棘手的难题，周代的开国者经过痛苦思索与调查研究，终于找到了"定天保、依天室"的治理方案，相继出台了一系列行之有效的具体措施：第一，以"天下之中"的地域观念营建东都洛邑以管控殷商故地，并且利用胜国遗民打造代表华夏文明正统的政治中心与文化中心，为此，必须委派大批宗室与功臣拱卫这个新建的东方都城，于是带有强烈殖民色彩的诸侯分封制便应运而生。第二，为了消除殷商王朝遗老的敌对与愤慨情绪，封商纣王之子武庚禄父于殷都故地，这其实是利用商人治理商民。第三，为了消除天下人心的不满与抵触情绪，以"备三恪"为借口，忍痛割爱将成片的土地与民人分封给历史名人的后裔，以杜天下悠悠之口。第四，为了社会政治秩序的稳定，以"藩屏周室"为目的而只是采取政府殖民方式实行诸侯封建，并不敢打破殷商既定的社会格局因而保留了旧有的生产关系，在客观上保证了社会生产力的迅速复苏与社会组织机能的正常运转。第五，以别具匠心的"士"这一新型徽号笼络与利用殷商文化与科技人才，从而创造了继轨商人而光耀千秋的青铜文化。第六，创立"以德配天"的"天命哲学"以镇抚殷商遗民的不满与反抗，因而从思想层面保障了西周初年的社会稳定，有利于社会的和谐发展。

总而言之，周人获取政权的手段与方式，是决定他们建政之后采取有效的社会治理与民族管控策略的重要因素。也正因如此，克商不到十年，周人便迎来了"刑措四十年不用"的成康盛世。而周人所创造的思想文化遗产及其国家治理经验，也被以孔子为代表的儒家学者总结与发挥，当然其中也不可避免地做了不少无中生有的编造与掩盖历史真相的涂抹，但是无论如何，经过儒家学者理想化加工与处理的殷周变迁史，毕竟衣被了华夏民族数千年的是非观与文明史。直到当代，这些文化遗产仍然自觉不自觉地在我们的现实生活中发挥着极其重要的作用与影响。

然而，纵观殷周两代王朝的历史演变，我们可以得到一个不是结论的结论：情绪与历史，竟然也是一个不可忽视的因果律！因此，王朝鼎革，无关乎正义。既说不上"以臣弑君"，也无所谓"顺天应人"。只有社会稳定，保障民生，才是天经地义！

附　录

《逸周书》二篇校注绎文

序

今传《逸周书》属《汉书·艺文志》"六艺略"《尚书》类，题名《周书》七十一篇，厕于许商《五行传记》与汉宣帝时代的《石渠议奏》之间，后世编入乙部杂史类，因而历来不受学者重视，其古注则仅存晋人孔晁之书，然亦颇多舛误。经历代学人多方校勘训释，才可勉强卒读，但仍有许多难以通说乃至误解之处。《商誓》与《度邑》二篇，事关西周开国之际制度建设及其治理构想，与拙文所论之旨至为密切，所引段落，虽有随文作注，却难免断章取义之虞。故不揣鄙陋，略仿王应麟《王会篇补注》及章太炎《逸周书世俘篇校正》单篇作注之例，为之校注绎文。其底本及引用诸家校注文字，以黄怀信等《逸周书汇校集注》为据。若《汇校集注》文字断句不妥之处，则依本校注径加乙改，不从黄氏之本。黄氏所录旧校旧注，择善而从，否则间下己意。限于学殖，谬误之处，自所难免，敬请读者批评指正。

是为序。

一

《逸周书·商誓解》校注绎文

［题解］

商誓者，武王克商灭纣，立武庚禄父于殷都故地，然后就地召集殷遗人士训话的演讲辞。誓者，告诫敕令之谓也。解者，说也，释也。此字乃后世作注者所加，学人称引《逸周书》某某篇皆作《某某解》，与称引《淮南子》各篇皆称《某某训》从同，约定俗成，非原文自称《某某解》也。本篇主要内容，大致有如下几点：一是宣明周之先祖后稷对于人类文明之贡献；二是宣告伐商灭纣的理由，指商纣为"一夫"，诛首恶而已，三是宣布天命归周，号召殷遗人士去西土效命于周邦。

王若曰：告尔伊旧何父，^①□□□□几、耿、肃、执，^②乃殷之旧官人序文□□□□，^③及太史比、小史昔，及百官里居献民，^④□□□来尹师之，敬诸！^⑤戒疾听朕言，用胥生蠲尹。^⑥

王曰：嗟，尔众！予言非敢顾天命，予来致上帝之威命明罚。^⑦今惟新诰命尔，敬诸！^⑧朕话言自一言至于十话言，其惟明命尔。^⑨

143

［校注］

①**王若曰** 若，如也。王如此说，史官叙述之辞。**伊旧何父** 刘师培曰：伊即尹后。旧咎古通，如周平王宜咎或作宜臼，其旁证也；盖咎单之裔。何疑向讹，约有内史向挚。父或傅说之傅也。《榖梁》隐公元年传云父犹傅也。盖傅父古通，犹之甫父互用。行甫按：《古本竹书纪年》云伊尹"放大甲七年，大甲潜出自桐，杀伊尹，乃立其子伊陟、伊奋，命复其父之田宅而中分之"，是伊乃伊尹之后也。《淮南子·泛论训》"不必循旧"，高诱注："旧，或作咎也。"

②**□□□□** 所缺四字，亦当为殷人氏族之名。**几耿肃执** 朱右曾曰：《左传》殷民七族有饥氏，六族有萧氏。几即饥，肃即萧也。《路史·国名纪》相州有几城。《书序》祖乙圮于耿，即邢也。执挚通。《诗》曰"挚仲氏任"，又《易》"震用伐鬼方"，或以震为挚。刘师培曰：朱《释》以"几耿肃执"为殷之世家大族，其说甚谛。

③**乃殷之旧官人序文□□□□** 乃，孙诒让曰：乃疑当作及。行甫按："乃"亦有"及"义，不必改字。旧官人，仕于殷商之人。序文，庄述祖校改为"庶位"，刘师培校改为"庶義"，義俗作义，因讹为文。下文"越尔庶义庶刑"，是其证。所缺当有"庶刑"二字。行甫按：《尚书·立政》言设官分职有"庶言庶狱庶慎"，其"庶狱"当本篇之"庶刑"无疑，而"庶言"或当本篇之"庶义"，则其所阙四字当为"庶刑庶慎"欤？

④**及太史比小史昔** 庄述祖校为"太史友小史友"，孙诒让曰：《说文》"友"字二古文，与"比""昔"字形相似，故传写致讹。**及百官里居献民** 百官里居，陈逢衡曰：即百姓里居。行甫按：百官当为

百生之讹，百生即百姓。下文"百姓里居"，是其证。里居，乃里君之讹。《史颂敦》"里君百生"，其证也。献民，《说文》"献，宗庙犬名羹献；犬肥者以献之"，段玉裁注："献本祭祀奉犬牲之称，引伸之为凡荐进之称。"行甫按："献民"之"献"，一名而含四义焉：一为牺牲，名词；二为荐进，动词；三为明智，倾向于内在心灵的形容词；四为贤能，表现于外在行为的形容词。则"献民"者，进身归顺于新朝的殷商才智之士。行甫又按：武王所呼之人，其排列顺序为：其一，殷之世家大族；其二，朝廷政务官；其三，朝廷文职官；其四，宗族之长与基层亲民之官。而武王将这些不同类别与层次的殷遗统称为"献民"。

　　⑤口口口来尹师之敬诸　所阙三字，当是"天命予"，本篇之"天命"皆可解为"天之命"亦即"天之令"，下文"非敢顾天命，予来至上帝之威命明罚"，是其证。尹，《说文》："治也。从又，丿，握事者也。"师，长也。《荀子·正论》"师民之怨贼也"，杨倞注："师，长也。"之，指代上所言之殷商官民也。行甫按："天命予来尹师之"，意即上天命令我来治理统领你们。敬，慎也。诸，语气词，之乎的合音。

　　⑥戒疾听朕言　戒，告也，敕令也。《左传》庄公二十九年"凡土功，龙见而毕务，戒事也"，孔颖达《正义》："戒，谓令语之也"，"三时之务始毕，民将闲暇，故预令语民，将有土功之事，使自备也"。《仪礼·士冠礼》"主人戒宾"，郑玄注："戒，警也，告也。"行甫按：此"戒"字黄本属上，校者亦多门，皆不取。今属下读为义。疾，犹力也。《吕氏春秋·尊师》"疾讽诵"，高诱注："疾，力也。"**用胥生蠲尹**　用，以也。胥，相也。生，《说文》："进也。象艸木生出土上。"蠲，朱右曾曰：明也。行甫按：《尔雅·释言》"蠲，明也"，郭璞注：

"清明貌。"邢昺疏引樊光云："蠲除垢秽使令清明。"尹，治也。《广韵·准韵》："尹，诚也，进也。"陈逢衡曰："蠲，除也，革去故也。尹，正也，鼎从新也。"行甫按："蠲尹"，当为近义复词，陈氏之说，得之。

⑦**嗟尔众予言非敢顾天命**　嗟，敦促提醒听众的语气词，并非今之所谓叹词。顾当读寡，《礼记·缁衣》"君子寡言而信，以成其行"，郑玄注："寡当为顾，声之误也。"是顾、寡声同通用之证。"寡天命"，犹言蔑视天命，与下文"不敢忘天命""无敢违天命"相照应。《左传》成公十三年"蔑我死君（原作'蔑死我君'，兹从《释文》或本），寡我襄公"，则"寡"与"蔑"相对为文，且"寡我襄公"与"寡天命"，句法从同。是"寡"犹"蔑"也，杜预注"寡"为"弱"，未达一间。天命，犹言"上天之命令"也。**予来致上帝之威命明罚**　致，送诣也。

⑧**今惟新诰命尔**　新，《广雅·释言》："初也。"赵岐《孟子题辞》"施于新学"，焦循《孟子正义》："新，初也。"尔，即尔众。**敬诸**　敬，慎也。诸，之乎合音。

⑨**朕话言自一言至于十话言其惟明命尔**　话，《说文》："会合善言也。从言昏声。《传》曰'告之话言'。譮，籀文话从言会。"则"话言"者，犹今语所谓"召集会议，好言相劝"也。《尚书·盘庚》"话民之弗率"，其例也。其，犹将也。惟，为也。尔，你们。亦可作肯定的语气词。

此为本篇第一节，乃周武王正式训话之前的开场白。说明讲话的意图，敦请听者认真对待。

［绎文］

周武王这样说：今天，把你们殷商王朝的伊氏、咎氏、向氏、傅氏等等，以及著名的几氏、耿氏、萧氏、挚氏这些历史悠久家世显赫的元老重臣们，还有这些在朝廷各大衙门中担任过言论之官、执法之官及政务之官等各种职务的旧官员们，以及在朝廷文宣部门担任各级史官的僚友们，乃至这些地方上各大家族与宗族的头人与居邑民众的官长们召集起来，我要给你们发布一个讲话，给你们一些善言与忠告。你们都是殷王朝的头面人物，也都是愿意归顺我们周邦的聪明人。上天命令我来到这里，治理统领你们殷邦，你们可要严肃认真地做好心理准备啊！所以，我要事先作个预告，你们可要努力地认真听我的讲话，目的在于让我们彼此相互进步，革去旧的风俗习惯，促成新的社会风气。

武王说，好了，请大家安静下来。我要说的是，上天发下了明白的指令，要惩罚商纣王。因此，我不敢蔑视上天的命令，便把上帝威严的命令，也就是上天对商纣王的公开惩罚，送达给了你们殷邦。我今天还是第一次对你们发布讲话，不知你们是否能够听得明白，所以你们必须全神贯注地认真聆听。我往下所要说的，无论是三言两语，还是啰里啰唆的长篇发话，也都无非是对你们清楚明白地交代命令而已。

王曰：在昔后稷，惟上帝之言，克播百谷，登禹之绩。^①凡在天下之庶民，罔不维后稷之元谷用蒸享。^②在商先哲王，明祀上帝，囗囗囗囗，^③亦维我后稷之元谷用告和、用胥饮食。^④肆商先哲王维厥故，斯用显我西土。^⑤

今在商王纣，昬忧天下，弗显上帝，昏虐百姓，奉天之命。^⑥上帝弗显，乃命朕文考曰：殪商之多罪纣！⑦肆予小子发，不敢忘天命。⑧朕考胥翕稷政，肆上帝曰必伐之。⑨予惟甲子，克致天之大罚。⑩□帝之来，革纣之□，予亦无敢违天命。⑪

[校注]

①**在昔后稷** 后稷，名弃，周人始祖，传说为帝舜管理种植谷物的农官。《尚书·尧典》："帝曰：弃，黎民阻饥，汝后稷，播时百谷。"**惟上帝之言** 惟，以也。上帝，本篇之"上帝"皆指天帝。言，犹言任命。**克播百谷** 克，任也。播，散也，布也。此犹言种植也。百谷，各种粮食作物。**登禹之绩** 登，升也。禹，尧舜时平治水土的功臣。《尚书·尧典》："帝曰：禹，汝平水土，惟时懋哉。"绩，功也。丁宗洛曰：教稼穑之功与平水土之功相等，故曰登。

②**凡在天下之庶民罔不维后稷之元谷用蒸享** 罔不，莫不也。维，以也。元，《说文》："始也。"《左传》昭公十二年"非此三者弗当"，孔颖达《正义》："元者，始也，首也。于物为初始，于人为头首。元是诸善之长也。"行甫按：后稷之元谷，意谓周人始祖后稷发明农业种植，具有无可替代的首创之功，与大禹平治水土相提并论，故曰"克播百谷，登禹之绩"。用，以也。蒸，冬祭也。享，献祭也。行甫按："蒸享"，近义复词，泛指一切祭祀活动。

③**在商先哲王明祀上帝** 哲，智也。哲王，犹言明智之王也。明，洁也，备也。《诗·小雅·楚茨》"祀事孔明"，郑《笺》："明犹备也，洁也。"行甫按：《大戴礼记·虞戴德》云"天事曰明"，是"明祀上帝"，犹言对上天的祭祀，粢盛丰洁，礼仪齐备也。□□□□ 行甫按："明祀上帝"当与下文"用告和"相关联，则所阙四字，当与"用

胥饮食"相关联。果如是，则当补"燕飨宗庙"四字。《小雅·湛露》序"天子燕诸侯也"，郑玄注："燕，谓与之燕；饮酒也。"

④**亦维我后稷之元谷用告和**　亦，也词也，此以"在商先哲王"与上文"凡在天下庶民"相关联。维，以也，用也。用，以也。告，《尔雅·释言》"告，请也"，郭璞注："告，求请也。"和，安宁也。陈逢衡曰："告和，四时调也。"行甫按：告和者，谓请求四时风调雨顺也。与"明祀上帝"相关联。**用胥饮食**　用，以也。胥，相也。饮食，谓于宗庙行燕飨之礼也。

⑤**肆商先哲王维厥故**　肆，故也，于是也。维，因也，以也。厥，其也。故，原因。**斯用显我西土**　斯，犹乃也。用，因也。显，彰显也。庄述祖曰：显我西土者，谓帝乙命王季为西伯也。

⑥**今在商王纣昏忧天下**　昏，孙诒让曰：昏、泯古字通。陈逢衡曰：昏，乱也。忧，病也。行甫按："昏忧"，近义复词，扰乱天下、涂炭生灵之谓也，或改"昏扰"，似不必。昏泯意即扰乱，无须再重扰字。**弗显上帝**　显，与宪通用，犹言效法也。**昏虐百姓**　昏，王引之《经义述闻》曰："昏，蔑也，读曰泯。"虐，《说文》："残也。"**奉天之命**　奉，刘师培曰：奉当作韋，《说文》"韋，相背也"，韋、奉形近致讹。《史记·卫世家》云：齐襄公率诸侯奉王命共伐卫纳惠公，据三《传》说，奉亦韋讹，与此同。

⑦**上帝弗显**　弗，不也。显，当与上文"斯用显我西土"之"显"意同。"上帝弗显"者，意即商纣王罪恶多端，上帝不再让他光耀于天下了。**乃命朕文考曰**　乃，于是也。文考，已故的父亲，即周文王。**殪商之多罪纣**　殪，殄灭也。行甫按：殪之为言一也。《国语·晋语八》

"昔吾先君唐叔射兕于徒林，殪"，韦昭注："一发而死曰殪。"多罪，罪恶多端，恶贯满盈也。

⑧**肆予小子发** 肆，于是也。小子，谦称，谓年幼无知也。发，周武王之名。**不敢忘天命** 忘，轻视，怠慢也。

⑨**朕考胥翕稷政** 朕，我。考，求也，计也。胥，相也。翕，合也。稷政，当是指后稷的农耕事业。行甫按：句意谓：周武王反思周邦一直以来恪守着后稷所开创的治国传统，重视和发展农耕事业。**肆上帝曰必伐之** 肆，于是也。曰，谓也。之，代指商纣王也。

⑩**予惟甲子** 惟，以也。甲子，近人张汝舟根据《历术甲子篇》推定克商之年为武王十二年（前1106年）二月五日。行甫按：武王十二年亦即文王十二年，武王沿用文王"受命"之元。**克致天之大罚** 克，任也。致，送诣也。

⑪**口帝之来** 孙诒让据《墨子·非攻下》"王既已克殷，成帝之来"，补阙文为"成"。来，与赉相通。行甫按："成帝之来"，此为武王幽默语，将惩罚说成赏赐。言下之意，我是替上帝来拯救你们的。**革纣之口** 阙文处，孙诒让补"政"字，庄述祖补"命"字。行甫按：本篇诸"命"字意多为"命令"，作今语所谓"命运"义者亦为"命令"之引申义，则补"命"字不妥。但补"政"字，仍不如补"国"字为妥，下文曰"革商国"，即是其证。**予亦无敢违天命** 亦，也词也。天命，天之命令。

此为本篇第二节，周武王摆出始祖后稷发明元谷，创造了堪与大禹平治水土相媲美的伟大功绩，为人类的文明做出了不可磨灭的贡献。因而殷商的先王为了表彰周人的历史功劳，让先祖王季做了西伯。但商纣王却扰乱天下，暴虐百姓，于是武王遵照上天的命令，克灭了商纣王。

[绎文]

武王说，远在过去的时光，我们周人的始祖后稷，因为遵照上帝的指令，承担了播种各种粮食谷物的伟大使命，从而发明了谷物种植技术，创造了堪与大禹平治水土相媲美的伟大功绩。自此以后，普天之下的人民大众，没有谁不是把我们先祖后稷最初所发明的谷物种子用来种植粮食，并把收获的粮食用来作为祭祀祖先神灵的祭品。即使是你们殷商的先世明王，他们祭祀上帝，粢盛丰洁，礼仪周洽，都是用我们先祖后稷所发明的粮食谷物作祭品，请求上帝赐予他们风调雨顺，人寿年丰；他们在宗庙举行燕飨之礼，招待诸侯宾客，那笾豆之实、鼎俎之升，也是用我们先祖后稷所发明的粮食谷物做成的各种美味佳肴，相聚饮食，大快朵颐。正是因为我们先祖后稷对人类做出了如此贡献，所以你们的先王帝乙便命令我们的先王季历做了西土的诸侯之长。

可是现在呢，你们的商纣王，却是大大地扰乱天下，涂炭生灵，不遵循上帝的意旨，无视民生疾苦，残暴地敲扑天下百姓，违背了上天的命令。上帝对商纣王的所有罪恶行径，知道得清清楚楚，因而不愿意商纣王继续在人世间张牙舞爪，飞扬跋扈了；于是命令我已故的父亲周文王说，讨伐那个罪行累累、恶贯满盈的商纣王吧！你必须快手出击，让他一招毙命，不要让他有丝毫挣扎的机会！可惜我的先父周文王不幸早逝，未能完成这一庄严的使命，因此我姬发作为晚辈，对于上天的命令更不敢掉以轻心，忘忽怠慢。我回顾我们西土周邦，一直以来都是遵照始祖后稷的治国传统，大力发展农耕事业，增强国家实力。因此，上帝认为我们西土的"小邦周"一定会战胜腐朽的"天邑商",一定会打败残暴的商王纣。就在先父周文王受命之后的第十二年二月五日甲子这一天,我便把上天的严厉惩罚送给了商纣王,完成了克商灭纣这一伟大而神圣的历史使命。可以这样说,完成了上帝对商纣王作恶的惩罚,也就是实现了上帝对殷商百姓的奖赏!所以说,我是替上帝拯救你们而来,是替上帝帮助你们脱离苦难而来!上帝把如此伟大而光荣的历史使命交给了我,我哪里还敢违背上天的命令呢!

　　敬诸! 昔在我西土,我其齐言,胥告商之百姓无罪,其维一夫。^①**予既殪纣承天命,予亦来休命。**^②**尔百姓里居君子,其周即命。**^③□□□□□□□□□□□□□□□□□□□□□□□□□□□□□尔冢邦君,无敢其有不告见于我有周,^④其比冢邦君我无攸爱,上帝曰必伐之。^⑤今予惟明告尔,予其往追口纣,达趣集之于上帝。^⑥

　　天王其有命。尔百姓献民,其有缀芳。^⑦夫自敬其有斯天命,不令尔百姓无告。^⑧西土疾勤,其斯有何重?^⑨天维用重勤,兴起我,罪勤我,无克乃一心。^⑩尔多子其人自敬,助天永休于我西土,尔百姓其亦有安处在彼。^⑪宜在天命,口及恻兴乱,^⑫予保奭其介有斯,勿用天命。^⑬若朕言在周,曰商百姓无罪。朕命在周,其乃先作,我肆罪疾。^⑭予惟以先王之道御复正尔百姓,^⑮越则非朕,负乱惟尔,在我。^⑯

　　王曰:百姓,我闻古商先哲王成汤,克辟上帝,保生商民,克用三德,疑商民弗怀,用辟厥辟。^⑰今纣弃成汤之典,肆上帝命我小国曰:革商国。^⑱肆予明命汝百姓,其斯弗用朕命,其斯尔冢邦君商庶百姓,予则口刘灭之。^⑲

[校注]

①**敬诸**　敬，慎也。诸，之乎合音。**昔在我西土**　西土，周人本邦，位于殷都之西，故曰西土。**我其齐言**　其，乃也，即也，则也。齐，亟也；犹今语"屡次"。**胥告商之百姓无罪**　胥，皆也，《诗·小雅·角弓》"民胥然矣"，郑玄《笺》："胥，皆也。"行甫按：此"胥"字与上"齐"字相关联，犹言"每次都是如此"。告，白也。犹今语所谓"说明"。**其维一夫**　其，代有罪者。维，与唯通。一夫，众叛亲离，孤家寡人。

②**予既殛纣承天命**　既，已也。殛，诛杀。承，奉也，接受也。行甫按："承天命"，犹言"秉承天之命令"。**予亦来休命**　来，与赉通。休，美也。刘师培曰：来当训赐，与赉同，犹言锡以嘉命。

③**尔百姓里居君子**　里居，当为里君之讹。**其周即命**　其，于也。即，《说文》："即食也"，徐锴《系传》："即犹就也，就食也。"行甫按："即"字于甲骨文乃会意字，象人张口就器而食之形。"其周即命"，双关语。既可解为去周邦就食活命，引申之则为找饭碗、觅活路；亦可解为去周邦效命，引申之则是为周邦做贡献。

④□□□□□□□□□□□□□□□□□□□□□□□□□□□□□□　阙文处，朱骏声补："亦维纣敷虐于尔庶邦，淫酗无度，罔顾于商先哲王，天大降威，卑我有周。"行甫按：阙文廿九字，朱补廿八字，疑"纣"当为"商纣"或"纣王"，抄录者脱略一字。然朱氏所补，无当于文义。此阙脱文字，承上文之意当是要说明"其周即命"的理由，兹据庄述祖校订本文讹误，补其阙文如次："于我西土，不为大国侮小国，不为众庶侮鳏寡，不为暴势夺穑人黍稷狗彘。"所补正为

廿九字，亦可与下文"不令尔百姓无告"，"尔百姓其亦有安处在彼"云云，文意相贯。**尔冢邦君** 冢，大也。冢邦君，孙诒让校为"邦冢君"。下文"其比冢邦君"，孙校同。**无敢其有不告见于我有周** 其，将也。告，求请也。见，效也。《史记·天官书》"以星见为效"，张守节《正义》："效，见也。"是其义也。行甫按："见"与"效"，一声之转。"告见"，犹今语所谓"报效"也。有，助语词，变单音节为双音节，使唇吻调利耳。

⑤**其比冢邦君我无攸爱上帝曰必伐之** 其，若也，如也。比，同也。冢邦君，当从孙诒让校为"邦冢君"。攸，所也。爱，怜惜也。行甫按："尔冢邦君无敢其有不告见于我有周，其比冢邦君我无攸爱，上帝曰必伐之"，自来注家，句读分歧，释义亦莫衷一是。实则其意乃是说：你们这些大邦的君主们，不应该不愿来我们西土请求效力于我们周邦，倘若是这种不愿来的大邦君主，是不会讨我们周邦喜爱的，上帝也会说，必须讨伐他。而下文"今予惟明告尔"云云，乃是列举纣灭为极端之例。

⑥**今予惟明告尔** 今，故也。惟，为也，以也，因也。**予其往追□纣** 其，犹于也。往，过去。行甫按：其往，追溯之词，犹言在过去。追，读如"追孝""追远"之"追"，犹言继承也。行甫按：此"追"字与上文"上帝弗显，乃命朕文考曰：殪商之多罪纣！肆予小子发，不敢忘天命"相关联，犹言"继承遗志，完成先辈未竟的事业"。句意谓："我在过去为了继承先父完成克商灭纣的事业"。知乎此，则阙文当补"殪"字。唐大沛补"若"字，朱骏声补"商"字，皆非。**达趩集之于上帝** 达，明人钟惺辑刊附评之《秘书九种》本作"遂"，卢

文弨校从之。行甫按：当从钟本作"遂"。趍，卢文弨曰："趍"与"臻"同。臻，至也。集，就也，成也。《诗·小雅·小旻》"是用不集"，《诗·大雅·大明》"有命既集"，毛《传》皆云："集，就也。"《左传》桓公五年"可以集事"，杜预注："集，成也。"是其义也。行甫按："趍集"当为同义复词，犹言"成就""完成"也。之，代指上帝之命令。于，介词，为也。于上帝，犹言"为上帝""替上帝"也，介宾结构作补语。句意谓：继承先父未竟之事，于是为上帝克灭了商纣王，完成了上帝交办的任务。

⑦**天王其有命**　王，卢文弨疑为衍文，唐大沛从删。其，犹乃也。有命，犹言有命令也。**尔百姓献民其有缀芿**　尔百姓献民，统指所有在场之殷遗听众。其，犹将也。有，犹为也。缀芿，卢文弨曰：谓若丝之绝而更续，草之刈而更生也。潘振曰：芿音仍。丝相连续为缀，草相因仍为芿。庄述祖曰：缀芿犹言栦。行甫按：庄氏之说是也，缀芿，即《尚书·盘庚》所谓"若颠木之有由蘖"之意。卢文弨及潘振说不误，亦可参考。

⑧**夫自敬其有斯天命**　夫，若也。自，苟也；若词，如词也。说见吴昌莹《经词衍释》。行甫按：夫自，虚词连用。古书多有其例。《尚书》"曷何""克堪""乃或"；《左传》"克能""其抑"之类，比比皆是，不胜枚举。敬，尊重。其，此也，是也。有，助语词，变单音节为双音节。斯，是也，此也。行甫按：其与斯，为虚词连用，插一语词有字，乃凑足音节。下文"其斯有何重"，即是本例。**不令尔百姓无告**　无告，无所求请之处。意即今语所谓"困苦无依，求告无门"。

⑨**西土疾勤**　西土，周邦也。疾，力也。勤，劳也。行甫按：此倒装句，犹言努力勤劳于西土。**其斯有何重**　其斯，虚词连用，此也，

是也，代疾勤。有，又也。重，重要，看重。行甫按：二句意谓，除了在西土勤苦劳作之外，还有什么比这个更重要的呢？言下之意是说：除了劳其筋骨，你们就不要有其他心思了。此弦外之音，学者当悉心体会，不可轻易放过。

⑩**天维用重勤**　维，通唯。用，以也。行甫按：维用，亦可为虚词连用。维与用，皆因也，以也。重勤，重视勤劳。**兴起我**　兴，亦起也。**罪勤我**　罪，责罚。勤，劝勉。**无克乃一心**　克，与刻音同通用。《别雅》卷五："克日，刻日也。"《潜夫论·断讼》"孝文除克肤之刑"，汪继培《笺》："克，与刻通。"皆是其证。《释名·释言语》："克，刻也。刻物有定处，人所克念，有常心也。"则"克"若"刻"者，皆有"定"与"常"之意，则"无克"亦即"无定""无常"，犹言不仅是固定在一处，不单是常在一地，犹言时时处处也。乃，为也。一心，一理也，犹言"同此一心，同此一理"也。是"无克乃一心"者，意即时间与地点皆无定而可变，但此"心"此"理"却不会变，则句意谓："天"之"心"，无论在何时、何地，对于任何人，都是一样的。

⑪**尔多子其人自敬**　尔多子，犹今语所谓"你们大家伙"。其，指示代词，此也。其人，犹言"这些人"。自，若也。敬，尊重。行甫按：敬后蒙下文"助天"而省略"天命"二字。**助天永休于我西土**　助，协助也。休，美也，善也。此为动词，意即修行善美之德。**尔百姓其亦有安处在彼**　其，将也。亦，也词也。安处，安定的居所。在彼，在西土。

⑫**宜在天命**　宜，应也。在，察也。**口及恻兴乱**　及，丁宗洛从其弟丁浮山说，当为"反"字之讹。恻，与侧通。兴，起也。阙文处，丁宗洛补"弗"，唐大沛补"乃"。行甫按：唐补"乃"，或是。乃，若也。

此句为假设，谓若在西土不安分，反侧生乱，则有下文所言之措施也。

⑬**予保奭其介有斯**　予，与也，犹言"付与"也。行甫按：据下文"予惟以先王之道"云云，则"予保奭"亦可解为"我保奭"，然细审文义，以释"付与"为长。保奭，当是召公奭。武王在世之时，成王诵即为世子，乃以周公为师，召公为保。《尚书·无逸》即周公对太子诵的幼教之辞，参见拙著《尚书释读》。其，将也。介，《说文》："画也。从八，从人，人各有介。"行甫按："介"之本意乃"界画"或"画界"，引申之则有"隔离""分别"之意。《大雅·生民》"攸介攸止"，马瑞辰《毛诗传笺通释》："介之言界，谓别居也。"其证也。有，助语词，变单音节为双音节。斯，此也。指代"反侧兴乱"者。行甫按：其时召公奭或者兼任隔离管制反侧生乱的殷遗以维护治安之事；周公当是分管殷遗安置之事。

勿用天命　用，《说文》："可施行也。从卜，从中。卫宏说。"《方言》卷六："用，行也。"行甫按："勿"字有三种明刊本作"易"，若作"易"，则为"改变"，亦不害文意。行甫又按："勿用天命"者，与上文"予亦来休命"相照应，意思是说，在西土兴反侧之乱者，将无权享有周邦为他带来的美好天命，犹今语所谓"剥夺政治权利终身"而丧失公民身份之意。

⑭**若朕言在周曰商百姓无罪**　若，如也。行甫按：此"若""如"，乃列举之意，非假设之词。朕言在周，句式倒装，犹"在周朕言"也。丁宗洛校改为"若朕在周言曰"。周，宗周也，西土也。**朕命在周**　命，令也。**其乃先作**　其，代指"朕命"。乃，犹为也。先作，事先所为也。行甫按：二句是说，我在西土周邦所提出的商之百姓无罪而罪只在纣王一人之身的这个说法，乃在克商灭纣之前早就不止一次地提到过。**我肆罪疾**　肆，乃也，于是也，因此也。罪疾，近义复词，罪，归

罪也，犹言谴责。疾，憎恶也，犹言痛恨。

⑮**予惟以先王之道御复正尔百姓**　惟以，以也，虚词连用。御，治也。《诗·大雅·思齐》"以御于家邦"，郑玄《笺》："御，治也。"孔颖达《疏》："御者，制治之名。"复，《尔雅·释言》："返也。"《易·复》郑玄注："复，反也，还也。"正，定也。《周礼·宰夫》"岁终则令群吏正岁会"，郑玄注："正，犹定也。"孙诒让《正义》："《说文·正部》：'正，是也。'事必是而后定，故引申之，定亦曰正。"行甫按："御复正"三字乃动词连用，"御"言统制，"复"谓返还，"正"犹平定。

⑯**越则非朕**　越，逾也，过也。越则，唐大沛曰："越乎法则。"**负乱惟尔**　负，《说文》："恃也。"负乱，朱右曾曰："犹怙乱也。"惟，为也，是也。**在我**　在，察也。我，读若"何"。《诗·鄘风·鹑之奔奔》"我以为兄"，《韩诗外传》九引作"何以为兄"。《诗·曹风·蜉蝣》"于我归处"，郑玄《笺》："君当于何依归乎？"俞樾《群经平议》："经云'于我归处'，笺云'于何依归'，盖即以'我'为'何'。'我''何'古音相近。《鹑之奔奔》篇'我以为兄'，《韩诗外传》引作'何以为兄'，疑此篇'于我归处''于我归息''于我归说'三'我'字，《韩诗》并作'何'，郑笺用韩义耳。《周颂·维天之命》篇'假以溢我'，《左传》襄二十七年引作'何以恤我'，《说文·言部》引作'諴以謚我'，'何'之为'我'，犹'何'之为'諴'也。"是"在我"即"在何"也，连上文之意，犹言"察其负乱之性质及程度，以施相应之惩罚"也。此所谓"文有尽而意无穷"之例，学者当究心焉。行甫按：旧本皆连下句读为"在我王曰"，文理扞格难通。黄怀信《逸周书校补注译》断在上文"惟尔"之下为读，然犹以为衍文。是知读古人之

书，岂其易哉！

⑰**王曰百姓我闻古商先哲王成汤克辥上帝**　克，能也。辥，孙诒
让曰：当为燮之省，燮犹相助也。《尔雅·释诂》"艾，相也"，艾即燮
之借字。"燮上帝"与《孟子》"惟曰其助上帝"义同。**保生商民**　保
生，犹言安养也。**克用三德**　克用，施行也。三德，唐大沛曰：刚、
柔、正直也。行甫按：《尚书·洪范》"义用三德"，即以刚、柔、正
直三种方法治理民众。盖其时武王或已访谋于箕子，故曰"我闻"也。
疑商民弗怀　疑，通擬，今写作拟，设想、推测也。怀，有私心。
《诗·郑风·将仲子》"仲可怀也"，郑玄《笺》："怀私曰怀。"《大戴礼
记·礼三本》"诸侯不敢怀"，王聘珍《解诂》引郑玄《诗笺》云"怀
私曰怀"。行甫按："商民弗怀"与"诸侯不敢怀"句法一律，句意犹
今语所谓："难怪成汤治下的商民人人没有私心"。**用辥厥辥**　用，以
也。辥，与燮通，亦佐助、辅助之意。厥，其也。辥，君王也。

⑱**今纣弃成汤之典**　典，常法也。《仪礼·士昏礼》"吾子顺先
典"，郑玄注："典，常也，法也。"**肆上帝命我小国曰革商国**　肆，故
也，今也。命，令也。革，变更也。

⑲**肆予明命汝百姓**　肆，故也，今也。**其斯弗用朕命**　其斯，其
也，乃也，若也，虚词连用。用，施行也。**其斯尔冢邦君商庶百姓**　其
斯，若也，乃也，假设之词。冢邦君，当从孙诒让校为"邦家君"，冢，
大也。庶，众也。**予则囗刘灭之**　刘，杀也。阙文处，朱右曾疑为"虔"
字，陈逢衡疑为"咸"字，丁宗洛、唐大沛从之。庄述祖补"乃"字，
孙诒让疑为"肆"字。行甫按："咸刘"义为"歼灭"，"虔刘"义为
"杀戮"，皆为同义复词。若补副词"乃""肆"，则稍嫌累赘。

此为本篇第三节，宣告商之百姓无罪，打消殷遗顾虑，号召殷遗才智之士效命于周邦，希望他们勤劳于西土，获取一份安定的生活。要求他们认识天命归周，不要做无谓的反抗，否则杀无赦。

[绎文]

请大家严肃起来，认真地听我说吧！以前，在我们西土周邦，我曾不止一次地发表过讲话，每次都告诉我们西土周邦人士说，殷商王国的平民百姓都是清白无辜的；罪孽深重的，只是那个众叛亲离孤家寡人的商纣王一人而已！现在，我已经诛灭了商纣王，从上帝那儿接受了天命，这当然也是上天对你们的奖赏；因此，我也要为你们带来美好的命运与光明的前程。你们是各个家族与宗族的头领，也是管理各大居邑的地方长官，都是有文化、有教养、有身份的体面人物，你们应该到西土去，为我们周邦的建设事业贡献你们的智慧与才华，同时也是为你们自己谋生存，找出路。（在我们西土，不会出现大国欺压小国的事情，也不会发生倚仗人多势众欺侮弱势群体的现象，更不会发生黑恶势力强夺农人的粮食和家畜这种社会丑恶事件。）还有你们这些在殷商时代社会地位较高、家境更加殷实的首领们，尤其应该放下身段，鼓起勇气，请求去西土报效我们周邦；那些冷眼旁观，麻木不仁，不愿意投入热情报效我们周邦的大邦首领，是不会讨我们周邦喜爱的，上帝也会把他们看作如同商纣王一样的货色，说：必须讨伐他们！所以，我可以明白地告诉你们，在刚刚过去的这段日子，我秉承先父周文王的遗志，完成了他受之于上帝却来不及最终完成的伟大使命，一举将商纣王给歼灭了，并把这个胜利的消息作为人世间的伟大成就已经报呈给上帝了。

上天还有一道命令：你们这些社会名流与头面人物，识时务，明大体，愿意投身于我们周邦，这种弃旧图新的明智之举，就像倒仆的树木上生出的新枝，你们的前途是无限光明的；你们的行为举动是值得赞扬与鼓励的。

只要你们敬重这天命，投身我们周邦，我们周邦是一定不会让你们失望的。我们决不会让你们在西土生活贫困，衣食无着，求告无门。

再说，你们除了在西土努力勤劳于你们的生业，还会有什么事情比这个更为重要的呢？

老天爷最为看重的就是人的勤劳，老天爷用勤劳让我们发家致富，事业有成；也用勤劳折磨与惩罚我们，更用勤劳鞭策和鼓励我们。无论在什么地方，在什么时候，对于任何人，老天爷总是一视同仁，无所差别地看重勤劳。

你们这些人倘若尊敬天命，协助配合上天在我们西土永远修行善德，推动我们周邦走向繁荣，那么你们将在那里拥有一片安宁舒适的生存之地。

因此，你们应该观察天命，体会天命在周的自然趋势，不要首鼠两端，心怀反侧；如果你们到了西土，仍然心生徘徊，造出乱子，我们周邦负责安全事务的太保奭就要把你们隔离看管起来，籍入另册；你们也就无权享有我们周邦曾经给你们带来的美好天命了。

不过，我相信你们的本质都是好的。比如说，我在西土周邦人士中，就常常说商王朝的百姓都是清白无辜的。

我在西土周邦的这些说法，都是我在讨伐商纣王之前早就不止一次地提到过的。由此可见，我对商纣王是多么深恶痛绝！

现在，我只有用先王的治理原则来统领国家，教化百姓，拨乱反正，恢复先王时代的社会风气。我决不会违背原则，采取非法手段压迫你们；倒是你们由于深受商纣王遗恶的影响因而会违法乱纪，惹是生非。当然，对你们的违法行为，我决不会坐视不管，不过是要看你们的行为所产生的危害程度究竟有多么严重罢了。

武王继续说，各位身份体面的殷商人士，我听说古代商朝的先圣明王成汤，能够很好地辅助上帝，爱护商王国的广大民众，用强制刚硬的手段，对付那些不服管教的刁民；用温和宽惠的办法，扶植那些胆小怕事的弱民；用公平正直的方式，照顾大多数人的权益；所以，那时候商朝的民众，人人没有私心，都会无偿地帮助他们的君王，替他们的君王建言献策，也就完全可以理解了。

可如今，商纣王抛弃了成汤以来良好的治国传统，把偌大一个殷商王国治理得一片混乱，于是上帝便指令我们小小的周邦说：除掉这个罪恶滔天的殷商王国吧！

因此，我在这里便要明白地告诫你们，无论是你们这些殷商的宗族之长，还是你们这些大邦的贵胄君侯，不管你们的身份是官是民，只要你们不服从我的命令，我便根据上帝的意旨，把你们统统杀掉，一个也不留！

王曰：霍！予天命维既，咸汝克承天休于我有周，斯小国于有命不易。①昔我盟津，帝休辨商，其有何国？命予小子，肆我殷戎。②亦辨百度，口口美左右，予肆刘殷之命。③今予维笃佑尔，予史太史违我。史视尔靖疑，胥敬请。④其斯一话敢逸僭，予则上帝之明命，予尔拜拜。⑤口百姓，越尔庶义、庶刑。⑥子维及西土，我乃其来即刑。⑦

乃敬之哉！庶听朕言，罔胥告。^⑧

[校注]

①**王曰霍**　霍，《说文》："飞声也。从雨，隹。雨而隹飞者，其声霍然。"行甫按：此"霍"字乃象声词，亦兼含感叹时光飞逝之意，故下文回顾自"盟津"以来所发生的诸多大事变。**予天命维既**　天命，天之命令。维，犹乃也。既，已也。**咸汝克承天休于我有周**　咸，皆也。汝，尔也，尔邦冢君商庶百姓也。克，能也。承，受也。休，荫庇也。**斯小国于有命不易**　斯，犹乃也，则也。小国，周邦也。命，天命。不易，不改变。

②**昔我盟津**　盟，若干人共同对神明发誓也。津，河边渡口，指盟津，其故地在今河南孟州市西南境。行甫按：此言武王于九年"观兵于盟津"且对神明发誓之事。《孟子·滕文公下》所引《太誓》曰"我武惟扬，侵于之疆，则取于残，杀伐用张，于汤有光"，即武王"观兵于盟津"之誓词。**帝休辨商**　休，荫庇也。辨，与"平"声转相通。《尚书·尧典》"平秩东作"，《周礼·冯相氏》郑玄注引作"辨秩东作"。《文选·班孟坚〈典引〉》"惇睦辨章之化洽"，蔡邕注："《尚书》曰'平章百姓'，辨与平古字通也。"行甫按："辨"读如"平"，则"辨商"犹言"平商"也。**其有何国**　其，犹乃也，乃犹而也。丁宗洛曰：言帝休美乎周，而惩创乎商，商何以有国？行甫按：丁氏仅言中了前半，后半则大非其义。三句意谓：当年我在盟津观兵之时，上帝大加庇佑而平定殷商的，除了我们周邦之外，还有哪一国呢？言上帝唯独庇佑周邦以伐殷商而已。故下文即曰"命予小子"云云也。**命予小子肆我殷戎**　予小子，自谦之词。肆，乃也，于是也。肆我殷戎，庄述祖校改

“肆戎殷”，孙诒让曰：疑当作“肆伐戎殷”，犹《大雅·大明》云“肆伐大商”也。刘师培曰：庄氏《记》改为“肆戎殷”，所改是也。我即戎讹，下戎字则为衍文。《礼记·中庸》“壹戎衣”，郑注云“壹用兵伐殷”，则此言“肆戎殷”犹云遂加兵于商也，与《国语·周语》“致戎商牧”同。《古文苑》卷七扬雄《兖州箴》亦曰“武果戎殷”。行甫按：各家之说，略备异闻而已。疑此句不必改字，亦无衍文。《说文》“我，施身自谓也。或说我，顷顿也。从戈手，手，古文垂也。一曰古文杀字。𢦏，古文我”。是“我”字所从之“手”，即古文杀字。则此“我”即用作“杀”伐之字也。古人用字稍宽，必有其理，后人不知，辄为擅改。且“戎”字古义，亦兼指兵器与军旅二者言之。《礼记·檀弓上》“戎事乘骊”，郑玄注：“戎，兵也。”《孔子家语·弟子行》“材任治戎”，王肃注：“戎，军旅也。”则“殷戎”犹言“殷旅”也。《大雅·大明》“殷商之旅，其会如林”，即其事也。

③**亦辨百度**　亦，也词也。行甫按：“亦辨百度”与上文“帝休辨商”相关联，故曰“亦”也。辨，亦读若“平”也，既有“平定”义，亦有“平治”义。度，犹“庶”也。《说文》：“度，法制也。从又，庶省声。”行甫按：“度”乃“庶”省声，则“度”亦读“庶”也。所谓“百庶”，当是兼包“庶义、庶刑”以及上文所阙之“庶慎”而言之也。“辨商”者，言平定其国，即“革商国”也，是为刷新其国家体制也；“辨百庶”者，言平治其官僚体系，即刷新其官吏风气也。**口口美左右**　细审文义，当补“帝休”二字。休美，近义复词，犹言荫庇肯定也。《国语·晋语一》“彼将恶始而美终”，韦昭注：“美，善也。”左右，辅佐佑助也。**予肆刘殷之命**　肆，乃也。刘，杀也。殷之命，犹言殷人之

天命也。

④**今予维笃佑尔**　维，犹乃也。笃，厚实也。佑，帮助也。尔，你们，指殷民。**予史太史违我**　予史，朱右曾曰：当为"予使"，古史、使通假。违，离也，远也。《尔雅·释诂上》"违，远也"，邢昺《疏》："违者，离远也。"我，我周邦也。行甫按：太史乃起文书草之文职官员，"掌官书以赞治"者，常协助其他政务人员造作文书。《尚书·立政》篇末周公呼太史协助司寇苏公整理司法条例，即是其事。参见拙著《尚书释读》。句意大抵是说，武王已派遣周邦之太史远道而来殷都，以协助相关人员对报名申请前往西土的殷遗"献民"进行审察登记造册。下文"史视尔靖疑"，"其斯一话敢逸僭"，"予尔拜拜"，即为审察、甄别、登记之全部过程。**史视尔靖疑**　史，太史也。注者多以此"史"字为涉上文而衍，黄怀信依朱右曾改为"寔视"。行甫按："史"字不误，实复指上文之"太史"。视，观察也。《尔雅·释诂下》"监，视也"，郭璞注："视，谓察视也。"《释名·释姿容》："视，是也，察其是非也。"行甫按：此"视"犹今语所谓"审察"也。靖，决心已定也。《说文》："靖，立竫也。从立，青声。"段玉裁注："靖，谓立容安竫也，安而后能虑。"疑，犹豫不决也。《礼记·坊记》"所以章疑决微"，孔颖达《正义》："疑，谓是非不决。"《慧琳音义》卷八"猜疑"注引《考声》："疑，贰也，未定也。"行甫按："靖疑"，反义并列复词，谓殷遗之于西土，或主意已定，不复犹豫；或瞻前顾后，难以抉择也。**胥敬请**　胥，皆也，敬，慎也。行甫按：此"敬"字犹今所谓"谨慎""诚实""认真对待"之意。请，庄述祖校改"诸"，孙诒让曰：庄校与上文合，是也。

⑤**其斯一话敢逸僭** 其斯，若也，乃也。一话，犹"一句话"也。逸僭，朱右曾曰：逸，过也；僭，不信也。行甫按："逸僭"，既为近义复词，亦为反义复词。近义复词者，二者皆为"过错"，反义复词者，逸，佚也，有所遗漏隐瞒之过也。僭，越也，有所虚夸谎报之过也。意谓：必须如实向官方报备自己的个人履历及其技术专长，既不可隐瞒不实，也不可过分虚夸而失实。**予则上帝之明命** 予，我也。则，即也，就也。行甫按：此"则"字犹今所谓"根据""按照"也。**予尔拜拜** 予，给也，与也。拜拜，《召南·甘棠》"勿翦勿拜"，郑玄《笺》："拜之言拔也。"陈启源《毛诗稽古编》："拜字乃扒字之借，非跪拜义也。"马瑞辰《毛诗传笺通释》："《广韵》引《诗》'勿翦勿扒'，云'扒，拔也。亦作拜。'拜与扒双声，扒通作拜，犹澎湃通作澎汃也。《广韵》《玉篇》并云：'扒，擘也。'擘义为分，亦为击，与首章'勿伐'亦同义。作扒者，盖《三家诗》。"行甫按：拜拜，犹言扒开拔去也，亦即分辨甄别之意。重言之者，表示将对"逸僭"者反复甄别也。行甫又按：自"予史太史"云云至此，犹今人所谓"登记造册，建立人才资料库"之比也。可见填写履历表格，建立人事档案，自古而然。前修时彦之注说，一皆未达其意，故特表而出之，以俟后来君子参而定之也。

⑥**囗百姓** 丁宗洛补阙文为"尔"，是也。**越尔庶义庶刑** 越，及也，与也。庶义，当为谏议系统之众官。庶刑，当为司法系统之众官。行甫按：尔百姓，无职在野之人；尔庶义庶刑，泛指有职在官之人。

⑦**子维及西土** 子，男子之通称。《左传》昭公十二年"从我者子乎"，杜预注："子，男子之通称也。"行甫按：此"子"亦即前文之"多子"。维，若也。及，"反"字之讹。上文"及恻兴乱"即"反侧

兴乱"之讹，是其例也。**我乃其来即刑**　乃其，将也，虚词连用。来，通"赉"，赏赐也。即刑，与"即命"词法句法相同，犹今所谓"吃打""吃罚"。来即刑，其文义虽为自食其果，咎由自取；其语气却于威严之中含讥讽。其修辞手法类似于《尚书·多方》"尔多方探天之威，我则致天之罚"，意即，你们多邦想要探取上天的威严，我便把上天的惩罚送给你。语含讥讽，寓庄于谐。

⑧**乃敬之哉**　乃，犹且也，尚也。劝勉之词。敬，慎也。之，指事之词。**庶听朕言**　庶，庶几也，尚也，幸词也。行甫按：此"庶"字与上"乃"字关联为用。听，接受、服从也。**罔胥告**　罔，无知貌。《礼记·少仪》"而不知其名为罔"，郑玄注："罔，犹罔罔，无知貌。"《玄应音义》卷八"罔然"注："罔，谓不称适也，罔罔然无知意也。"胥，相也。告，告白也。行甫按："罔胥告"者，意谓对我的讲话有不理解之处，可以互相解释与转告。则人员迁徙，人事调配，事关重大，有不清楚之处，理应互相转告。

此为本篇最后一节，言小邦周独受上天的荫庇与辅助，革除了商国的政体，也刷新了商朝的吏治。因此，周邦也会给殷民带来福祉，要求殷遗才能之士，诚心诚意，无所保留地效命于周邦，并派出书记官协助相关人员负责审察、甄别，并且登记造册，如有隐瞒或虚报，将取消录用资格。最后叮嘱，无论何人，都不得在西土兴乱，否则，吃不了兜着走。

［绎文］

武王说，嚯！日子过得也真是飞快呀！我已经完成了上天交办的任务，你们大家伙都能够托庇于我们周邦而受到上天的关怀与福佑，而我们小邦周所承受的天命也不是那么容易一下子改变的。回想当年我在大河旁边举行军事演习并与各路诸侯立誓结成盟友的时候，除了我们小邦周受到上帝荫庇而平定殷商王国，当时还有别的什么国吗？因此，上帝便委任我这个无知无畏的年轻人，伐灭了殷商的军队。不仅改变了殷商王国的社会风气，也刷新了殷商王朝的官僚系统。于是在上帝的荫庇辅佐帮助之下，我便彻底地摧毁了殷商王朝的政治体制与官僚体系，使商王朝面貌一新，风清气正。这样，我就可以对你们施以实实在在的福佑了，我要根据你们的个人履历与技术专长，把你们选拔出来，为我们周邦的建设事业贡献你们的聪明才智。我已经派遣我们周邦的太史官远离西土，来到这殷都，对你们进行审核，看看你们是真心实意地决定效力于周邦，还是有所徘徊观望而犹豫不决。你们要严肃认真地对待自己的前程，可不能在没有慎重考虑的情况下贸然做出决定，可是要谨慎小心啊！你们也要正确地估量自己的才华和能力，既不要隐瞒自己的过去，也不要虚夸自己的专长，哪怕是你们有一点点隐瞒和虚夸，我们都会对照上帝的意旨，把你们剔除出去。对你们所报备的个人履历及其技术专长，必须进行反复审察与甄别，决不含糊。当然，你们到了西土，无论你们先前的身份是平民百姓，还是各个衙门的政府官员，都必须无条件地服从我们周邦的统领，如果你们到了西土周邦，还要反侧兴乱，我便大刑伺候，就别怪我对你们不客气，那是你们咎由自取，自找苦吃！

你们还是谨慎从事吧！最好是认真听明白我所讲的这番话。如果觉得我的讲话还有什么不清楚、不明白的地方，你们可以互相解释，相互转告。

二

《逸周书·度邑解》校注绎文

[题解]

度，谋议也；邑，都城也。度邑者，谋划建立都城也。武王克殷之后，因如何管控殷商故地而大为伤神，于是通过走访遗贤以及召开咨询会议，确立了"定天保，依天室"的制度设计与治国方略。营建新都洛邑，一方面建立管控东方大片土地与民人的政治中心，另一方面打造继承华夏文明正统的文化中心。但武王感到自己力不从心，乃仿效尧舜故事，指定办事能力强的胞弟姬旦全面摄行天子之事，为他分担治国之劳，并担心世子年幼，难以承继大统，决定采取兄终弟及方式，让周公旦后继承王位。

维王克殷国，君诸侯乃厥献民，征主九牧之师见王于殷郊。①

王乃升汾之阜，以望商邑。②永叹曰：呜呼！不淑兑天对，遂命一日，维显畏弗忘。③王至于周，自口至于丘中，具明不寝。④王小子御告叔旦，叔旦亟奔即王。⑤

曰：久忧劳，问周不寝？曰：安，予告汝。⑥王曰：呜呼，旦！

惟天不享于殷，发之未生，至于今六十年。⑦夷羊在牧，飞鸿过野。天自幽，不享于殷，乃今有成。⑧维天建殷，厥征天民名三百六十夫。弗顾，亦不宾成，用戾于今。⑨呜呼！于忧兹难，近饱于恤，辰是不室。⑩我来所定天保，何寝能欲！⑪

王曰：旦，予克致天之明命。⑫定天保，依天室。志我共恶俾从殷王纣。⑬四方赤宜未定我于西土。我维显服及德之方明。⑭叔旦泣涕于常，悲不能对。⑮

[校注]

①维王克殷国　维，以也，因也。王，武王。**君诸侯乃厥献民**君，为之君也。《汉书·西域传·罽宾国》"而塞王南君罽宾"，颜师古注："君，谓为之君也。"乃，犹及也。厥，其也，代殷国。献民，归顺周邦之殷民。参见《商誓解》"及百官里居献民"校注。**征主九牧之师见王于殷郊**征，《说文》："召也。"主，潘振曰：守也。九牧，卢文弨曰：九州之牧也。师，长也。见，晋见也。郊，都邑之外。《尔雅·释地》："邑外谓之郊。"

②**王乃升汾之阜**　乃，犹"然后"也。升，登也。汾，朱右曾曰：阜名，在殷郊。**以望商邑**商邑，朝歌也；其故地在今河南淇县。

③**永叹曰呜呼**　永，长也。**不淑兑天对**淑，美也，善也。兑，读若"遂"，《诗·大雅·绵》"行道兑矣"，陈奂《诗毛氏传疏》："兑者，遂之假借字。"则"兑"与"遂"音同义通。行甫按：此"兑"字，犹今所谓"顺从""完成"之意；其义亦与今语所谓"兑现""兑付"之"兑"相近。对，配也，当也。《诗·大雅·皇矣》"帝作邦作对"，毛《传》："对，配也。"《广雅·释诂三》："对，当也。"行甫

按："天对"，即"与天相对等"，亦即"与天意相符合"，以作"兑"的宾语，则"兑天对"，意即"满足上天的要求""与上天的愿望相匹配""顺从天意"。本来文从字顺，古今注家，从句读到释义，皆不知所云；且纷纷臆改原文，甚无谓也。**遂命一日**　遂，通墬，今写作坠。遂命，坠命也，犹言丧失天命也。一日，一日之内，言时间短暂也。行甫按："一日"，指武王十二年二月五日甲子朝牧野之战。**维显畏弗忘**　维，犹乃也、为也。显，明显，显著。畏，恐怖。弗忘，犹言"难以忘记"也。行甫按："不淑兑天对，遂命一日，维显畏弗忘"，意思是说：没有妥善地顺从上天的意愿，或者说，不能完美地满足上天的期待，因而丧失天命，仅在一日之间；这是非常显著突出而且使人十分畏惧恐怖的事情，令人刻骨铭心，难以忘怀。

　　④**王至于周**　于，往也。周，镐京。**自囗至于丘中**　自，从也。阙文，卢文弨据《文选》李善注补"鹿"字。潘振曰：鹿、丘中，自汾至周所经历之地名也。**具明不寝**　具明，朱右曾曰：达旦也。行甫按："具明"之"具"，犹"具臣""具文"之"具"，无用而仅充其数、无实而徒有其名之意，则"具明"者，明而非明，夜而非夜也。寝，卧也。

　　⑤**王小子御告叔旦**　御，驾车者。叔旦，周公也，武王之弟，故称"叔旦"。**叔旦亟奔即王**　亟，疾也。即，就也。到……去。

　　⑥**曰久忧劳**　曰，周公曰。久，长期也。忧，愁苦也。劳，疲劳也。**问周不寝**　问，丁宗洛移于"曰"字前，是也。问，存问、安慰也。行甫按："问"犹今所谓"慰问"，非提问之"问"也。周，乃"害"字形近之讹。《尚书·君奭》"割申劝宁王之德"，《礼记·缁衣》

引作"周田观文王之德","割"与"害"相通互用,"害"因形近而讹为"周",故《缁衣》作"周",而"申"字亦因形近而讹为"田",是"害申"讹作"周田",即是其证。害,何也,曷也。**曰安予告汝** 曰,武王曰也。安,庄述祖曰:坐也。

⑦**王曰呜呼旦惟天不享于殷** 惟,因也,以也。享,《说文》:"亯,献也。从高省。曰,象进孰物形。《孝经》曰:祭则鬼亯之。享,篆文亯。"行甫按:"享"本为献祭,而"祭则鬼享之",则"享"亦有接受献祭之意,是施受不嫌同辞也。故"不享于殷",意即不接受殷人所献之祭礼也。**发之未生** 发,武王名发。**至于今六十年** 六十年,《古本竹书纪年》:"武王崩年五十有四",常玉芝《商代周祭制度》所排文丁、帝乙与帝辛之祀谱,则商纣王帝辛在位三十四年,帝乙在位二十五年,文丁在位二十二年。是"发之未生至于今六十年",当文丁十年左右。

⑧**夷羊在牧飞鸿过野** 夷羊,陈逢衡曰:怪物,商羊、獛羊之类。飞鸿,螳螂,亦即蝗虫。过野,卢文弨校作"满野"。《尔雅·释地》:"郊外谓之牧,牧外谓之野。"**天自幽** 自幽,陈逢衡曰:当作自豳,形近而误。行甫按:豳与邠同,此当是指周人尚居今之晋西南涑汾流域之时,亦即古公亶父尚未迁居岐山之前。**不享于殷乃今有成** 乃,犹及也。说见吴昌莹《经词衍释》。成,犹完成、终结也。

⑨**维天建殷** 维,与"雖"通,今作"虽"。建,树立,建造。**厥征天民名三百六十夫** 厥,其也,代指天。征,求也。天民,天生之民也。《诗·大雅·烝民》"天生烝民,有物有则",其证也。天民名,唐大沛曰:天民中名贤也。行甫按:此"名"字,犹言有声望者。《国语·周语下》"日离其名",韦昭注:"名,声也。"《吕氏春秋·谕大》

"既足以成显名矣"，高诱注："名，圣贤之名。"《礼记·中庸》"必得其名"，郑注："名，令闻也。"是"天民名"者，天生之民中有声名令誉者，亦即德高望重之人。夫，人也。**弗顾**　顾，《说文》："还视也。"行甫按："还视"即"回头看"，则"弗顾"犹今语所谓"不理睬"。**亦不宾成**　宾，与摈通用，迎接。成，成就。行甫按："宾成"，犹言热情接纳贤人以成就自己的功业。**用戾于今**　用，以也，乃也。戾，至也。行甫按："用戾于今"，即"以至于到了今天这个地步"。

　　⑩**呜呼于忧兹难**　于，犹以也，因也。兹，此也，指上述诸般事宜。难，难处。**近饱于恤**　近，近来也。饱，犹言满腹也。恤，忧患。**辰是不室**　辰，潘振曰：时也。是，指所忧与所恤之事也，作"不室"的代词宾语，故而前置。室，《说文》："实也。从宀从至，至，所止也。"行甫按："辰是不室"，犹辰是不实也，意即因此心里时常不踏实。旧注或以"不室"为"未定都邑"，或以为"不安其家室"，皆未达文意。

　　⑪**我来所定天保何寝能欲**　来，与上文"近"字同意，近来也。所，犹以也。定，确立也。天保，犹言保住天命也。行甫按：二句意即：我近来因为思虑保住天命的办法，哪里还想睡觉啊！

　　⑫**王曰旦予克致天之明命**　致，送诣也。明命，明白、明确的命令。

　　⑬**定天保依天室**　定，确定、制定。依，犹近也。天室，古人建宗庙，庙有五室，中央最大者为太室。是"天室"即"天下之太室"，必居"天下之中"。《夨尊》铭文："佳珷王既克大邑商，则廷告邘天，曰：余其宅兹中或，自之辥民。"《尚书·召诰》："王来绍上帝，自服于土中"，"其作大邑，其自时配皇天，毖祀于上下，其自时中乂"。是则"依天室"者，乃"宅兹中或，自之乂民"也。**志我共恶俾从殷王**

纣 志，标识、标志也。我，我周邦，亦指谈话双方，故下言"共"也。共，共同也。恶，厌恶，痛恨。俾，比也，顺也。从，跟随也。俾从，近义复词，犹言跟从、随于其后也。行甫按："俾从殷王纣"乃"恶"的宾语。"志我共恶俾从殷王纣"当一句读下，而"我共恶俾从殷王纣"又为"志"的宾语。全句意即：采取"定天保，依天室"的治理措施，就标志着我们共同厌恶跟随商纣王而国灭身亡；犹言决不能步商纣王的后尘，在一日之内便遭到亡国的灾祸。旧注因句逗之误，纷纷校改，大非文意，兹一皆不取。

⑭ **四方赤宜未定我于西土** 四方，犹言天下也。赤宜未，陈逢衡校改为"亦肯来"，义为天下悉肯从周也。定，《说文》："安也。"行甫按："定我于西土"，犹言"安于我西土"也。**我维显服及德之方明**维，与"唯"通。显，与"宪"音义相通互用。行甫按：古人谓悬法示人为"宪"，故"宪"亦"显"，"显"亦"宪"，是"显""宪"皆可引申为"法"。说见拙著《尚书释读》之《康诰》"于弟弗念天显"、《酒诰》"迪畏天显小民"以及《多士》"罔顾于天显民祗"等各句释读。服，通"𠬝"，法也。行甫按："显服"，同义复词，犹今语法律、法制之意。及，与也。德，治国措施。行甫按：《尚书》中"德"字多指治国举措，不单指君主的个人私德。此"德"字亦是也。之，以也，而也，目的连词。方，犹"并"也。明，明确、明晰也。"维……之……"，犹"唯以……为……"。行甫按："维显服及德之方明"，意即"唯有以法度与德政并明"也。

⑮ **叔旦泣涕于常** 常，与"裳"通，下衣也。**悲不能对** 对，答也。

此为本篇第一节，周武王克商之后，即召集殷商旧属地方长官开咨询会议。然后登上殷都附近的山坡，环视殷都郊野，对殷商迅速灭亡感到恐惧。在归途中夜不能寐，思考如何治理殷商大国的政治举措。

[绎文]

由于周武王于商郊牧野一战而胜，迅速推翻了商纣王的统治，从而一举做了殷属各路诸侯及其归顺投诚的殷商百姓的君长。对于这个既尽在意料之中又出乎情理之外的大胜利，情急之下，周武王似乎有些手足无措的慌乱，于是召集殷商王国各个地方长官在殷都的郊外举行了一次咨询会议。

会议结束之后，周武王便登上殷郊附近名叫汾丘这个地方的一个大高坡，瞭望商纣王曾经居住过的殷商旧都，并由此发出了一声长长的叹息。武王说，唉——，这从何说起呢！没有很好地顺从上天的意愿，不能完美地满足上天的期待，因而仅仅在一日之间，便彻底地丧失了自己的天命；这是多么骇人听闻令人惊悚的显著事件啊！它让我们既感到畏怖恐惧，也令人刻骨铭心，难以忘怀！

于是，武王陷入了深深的焦虑，在回到宗周镐京的归途中，从鹿地到丘中这段长长的路程之中，一直难以成眠。给武王驾车的小臣向武王的弟弟姬旦报告了武王最近的生活状况，弟弟姬旦得知之后，便忙不迭地奔向武王住宿的营地，探望武王的健康。

姬旦关切地说，是不是因为长期的忧虑与疲劳导致失眠症呢？为什么不想睡觉呀？武王看姬旦很着急，反过来安慰姬旦说，别急，坐下吧，我告诉你。武王说，姬旦啊！由于老天爷不愿意歆享殷人的祭祀，从我还没有出生开始，到现在也差不多六十年了。在殷商国都之外，各种妖孽怪物频频出现，到处都是飞天蔽日的蝗虫，农田的庄稼常常被毁坏殆尽。可以说，自从我们周邦从豳地迁到岐山以来，天老爷就不愿接受殷人的祭祀，到今天总算是结束了；殷商王朝终于轰然坍塌，土崩瓦解了。可是，我听说啊，当年老天爷建立殷王朝的时候，也从民间给殷商王朝征进备列了三百多个德高望重的贤能之士；但是，殷王朝不仅不重用他们，而且完全不理睬他们。殷商王朝的执政者，根本不知道接纳尊重这些贤能之士，让他们参与国家治理，从而使国家走向繁荣昌盛，以致有了今天遭到灭亡的下场。这也是一个多么惨痛的教训！唉——，正是因为这些有关国家治理的困难，使我忧心忡忡，近来总是满腹焦虑，每时每刻，都感觉到心里不踏实。所以，我一直在为如何保住我们的天命之事发愁，哪里还有想睡觉的意思啊！

　　武王继续说，姬旦啊，我们既然已经把上帝讨伐商纣王的明令送到殷商王国了；那么，接下来我们应该做的事，就是保住我们的天命，在靠近天下之"太室"的地方治理国家，以此建立我们长治久安的国家制度，采取方便有效而依托"天下之中"的国家治理举措，以表明我们周邦人士共同的心愿，那就是不希望步商王纣在一天之内便丧邦亡国的后尘。如果我们的国家制度完善，治理措施合理；这样，天下的有识之士也愿意来我们西土周邦效力，帮助我们周邦走向繁荣昌盛。而我们所要做的，就是尽快把我们的制度体系与具体的治国举措一起很好地确立下来。听了武王的这番话，姬旦泪如雨下，洒满衣裳，王兄为国事劳形苦思一至如此，内心既激动又悲伤，竟然说不出一句安慰的话来。

王囗囗传于后。王曰：旦，汝维朕达弟，^①予有使汝，汝播食不遑暇食，矧其有乃室？^②今惟天使予，惟二神授朕灵期，于未致予休，囗近怀予朕室，^③汝惟幼子，大有知。昔皇祖底于今，勖厥遗得显义，告期付于朕身。肆若农服田，饥以望获。^④予有不显，朕卑皇祖不得高位于上帝。^⑤汝幼子庚厥心，庶乃来班朕大环，兹于有虞意。^⑥乃怀厥妻子，德不可追于上，民不可答于朕。下不宾在高祖，^⑦维天不嘉，于降来省。汝其可瘳于兹？^⑧乃今我兄弟相后，我筮龟其何所即？今用建庶建。^⑨叔旦恐，泣涕共手。^⑩

［校注］

①**王囗囗传于后**　阙文处，唐大沛补"命旦"，朱右曾补"欲旦"，朱骏声补"乃命"，孙诒让亦补"命旦"。行甫按：此句乃史官叙述之语，则朱骏声所补是也。"王乃命传于后"，乃，于是也。承上文而转换话题也。命，使令也。《礼记·内则》"不敢并命"，郑玄注："命为使令。"传，传位也。**王曰旦汝维朕达弟**　维，乃也。达，朱右曾曰："明达也。"《礼记·礼器》"君子之人达"，孔颖达《正义》："达，谓通达。"行甫按：此"达"字注家皆以"明达""通达"为说，然细审文意，或者当读如《诗·郑风·子衿》"挑兮达兮"之"达"，毛《传》："达，往来相见貌。"《广韵·曷韵》闼韵："达，佻达，往来皃。"是则"达"当有"往来匆遽"之意，武王称姬旦为"朕达弟"，当是形容他事务繁忙，往来匆遽。故下面的谈话乃依此意而设言。

②**予有使汝**　有，常有也。使，使令也。行甫按：《左传》襄公三十年"吏走问诸朝"，陆德明《释文》："吏走，一本作使走。如字，速疾之意也。"是此"使"字义当为"速疾"，则"予有使汝"，犹言"我有

所疾速催促于你"也，故下言"不遑暇食"。**汝播食不遑暇食** 播食，孙诒让曰：《仪礼·士虞礼》云"尸饭播余于筐"，注云："古者，饭用手。吉时播余于会。"此播亦与彼义同。谓饭未毕而中辍，播之于敦会也。行甫按：孙说"播食"为"饭未毕而中辍"，与本文语境不合。考古文"播"字作"𢮦"，象以手指叉撮饭粒之形，郑注云"古者，饭用手"，正说"播"字义，且所谓"播余于会"，亦谓以手抓余饭于敦会也。《楚辞·九歌·湘夫人》"播芳椒兮成堂"，"播"字正作"𢮦"，即是其证也。则"播食"犹言"进食"也，亦即今语所谓"吃饭"。遑暇，同义复词，闲暇也。**矧其有乃室** 矧，况也，递进连词。其，将也。有，此"有"字，犹今语所谓"顾得上"。室，家室之事。行甫按：上四句乃周武王欲传王位于叔旦之前的比兴之辞。意思是说，你是我事务尤为繁忙的弟弟，我经常疾速地催促你，你忙得吃饭的工夫都没有，哪还有时间顾得上你的家室呢！言下之意是说，你姬旦的繁忙是被我所催促的，而下文则说我的繁忙乃是由天神所催促，也顾不了室家之事。而我的室家之事便是传王位之事。读者当细心体会此处修辞之妙。古今注家皆不得其义。

③**今惟天使予** 今，即也，则也，转折之词。惟，为也，因也。使，同上"予有使汝"之"使"，亦为速疾催促之意。予，诸本作"子"，卢文弨校作"子"，朱右曾从作"予"，行甫按：作"予"字是也，否则文理悖谬难通。**惟二神授朕灵期** 惟，因也，以也。二，疑当为"上"字，金文"上"字皆作"二"。参见段玉裁《说文解字注》"上"字条。神，《说文》："天神引出万物者也。"行甫按："上神"，犹言天神也。《礼记·礼运》"以降上神与其先祖"，孔颖达《正义》曰"上神，谓在上精魂之神，即先祖也。指其精气，谓之上神；指其亡亲，谓之先祖"，

又曰"皇氏、熊氏等云：'上神，谓天神也'"。灵，福也、善也。《广雅·释言》："灵，福也。"王引之《经义述闻·左传下》"宠灵"条："凡《传》称以君之灵，以大夫之灵者，灵皆谓福也。"《诗·鄘风·定之方中》"灵雨其零"，郑玄《笺》："灵，善也。"灵期，陈逢衡曰：亡日。行甫按：今俗言死曰"去享福"，是"灵期"犹"福期"也。陈氏之说是也。**于未致予休**　于，犹其也，且也。致，达到也。予，我也，我国家也。休，美善也。行甫按："予休"，犹言"予之美善"也，实即"我国家之繁荣昌盛"也。**□近怀予朕室**　阙文，据上文"矧其有乃室"，当补"矧"字。诸家或补"于"，或补"予"，皆未达文义。近，犹亲昵也。怀，《说文》："念思也。"行甫按：此"怀"字亦有"怀私"之意。予，庄述祖校为"于"字。行甫按：庄校是，可从。朕室，与上文"乃室"相关联。行甫按："今惟天使予"四句，武王说自己为天所催促，因为上天神灵给予我在世的时间无多，虽然整天忙忙碌碌，但还是远远没有让我们周邦达到美善的程度，哪里还谈得上亲近怀思室家之事呢？

④**汝惟幼子**　惟，与虽（雖）通。幼子，年少，犹言年富力强。**大有知**　大，非常也。知，智也，见识也。《周礼·大司徒》"知仁圣义忠和"，郑玄注："知，明于事。"**昔皇祖底于今**　皇，大也。皇祖，庄述祖曰：后稷。底，读若厎，至也。**勖厥遗得显义**　勖，勉力也。厥，其也。遗，孙诒让曰：遗贵同声，假借字。得，与德通。行甫按："遗德"犹言高雅尊贵的道德品质。与下"显义"相对应。显，光明。《尔雅·释诂下》"显，光也"，邢昺疏："显，光明也。"义，《说文》："己之威仪也。"行甫按："显义"犹言光明磊落的精神风貌。**告期付于朕身**　告，诰也，谨也。王引之《经义述闻·尔雅中》"诰誓谨也"条："《盐铁论·世务》篇

引《诗》云：'诰尔民人，谨尔侯度。'《说苑·修文》篇引《诗》云：'告尔民人，谨尔侯度。'告诰并与谨同义。"期，犹"期待""期望"也。《庄子·寓言》"以期年者"，郭象注："期，待也。"伪古文《尚书·大禹谟》"刑期于无刑"，蔡沈《书经集传》："期者，先事取必之谓。"付，交付也。行甫按：三句意谓，过去我们的始祖后稷直到现在，皆努力地修养他们高雅尊贵的道德人格及其光明磊落的精神风貌，在一代一代的传教与期待之中，现在终于交付到我的身上了。**肆若农服田** 肆，遂也，于是也。若，如也，比喻之词。服，事也，治也。服田，从事耕种。**饥以望获** 望，期望，期待也。行甫按：此"望"字与前"告期"之"期"字相关为用。行甫又按：此句紧承上文，意即，于是就像农夫在田地里从事播种耕耘，然后如饥似渴地盼望收成一样，期待着我将大有作为。

⑤**予有不显** 予，我也。显，光也。行甫按：此"显"字犹今语所谓"突出""出类拔萃"之意。**朕卑皇祖不得高位于上帝** 卑，朱右曾曰：卑读为俾。行甫按：俾，使也。高位，尊位也。行甫按：《诗·大雅·文王》"文王陟降，在帝左右"，是人王死后，其神灵升于天庭，陪伴在上帝左右，故言"不得高位于上帝"也。

⑥**汝幼子庚厥心** 庚，继续也。厥，其，代指皇祖以及历代先王也。心，期待之心也。行甫按："庚厥心"，犹言继续承受先祖的期待之心。**庶乃来班朕大环** 庶，庶几也，幸词也。乃，而也，以也，目的连词。来，亦"乃"也。行甫按："乃来"副词连用。班，分也，颁发也。《说文》："班，分瑞玉。从珏，从刀。"环，《说文》："璧也。肉好若一谓之环。"行甫按：《尚书·尧典》"班瑞于群后"，是虞舜摄行天子之事巡狩方岳而班瑞于诸侯之事也。则"班朕大环"者，犹言"颁

发我作为天子的瑞玉之于诸侯"也。此即武王明确要求叔旦替他总摄万机，代行天子之政，例同虞舜代替帝尧摄行天子之事，故下文直云"兹于有虞意"也。惜乎古今注者昧而不知也。**兹于有虞意**　兹，此也。于，犹"如"也，"为"也。说见吴昌莹《经词衍释》。行甫按：此"于"若"如"者，乃援例列举之词，犹今语所谓"例如"也。有虞，有虞氏，虞舜也。意，旨意也。《说文解字》："意，志也。从心察言而知意也。"行甫按：此"意"字，义为"比""拟"。《汉书·鼂错传》"臣窃意其冬来南也"，颜师古注："意，疑之也。"《资治通鉴·汉纪七》胡三省注此"意"字曰："儗也。"是"意"有"儗"之义也。《礼记·曲礼下》"儗人必于其伦"，郑玄注："儗，犹比也。"即是其证。"儗"即"擬"，今字写作"拟"。行甫又按：《尚书·尧典》载虞舜为帝尧摄行天子事，觐四岳群牧，班瑞于群后。则"兹于有虞意"者，此事犹虞舜代帝尧摄行天子事之比也。故下文说"兄弟相后"，亦为尧崩之后虞舜乃登天子之位。此段文字，直引唐尧虞舜之事典，而古今注家皆茫然无知，却勇于改字。故揭诸于此，以祛千年梦梦也。

⑦**乃怀厥妻子**　乃，若也，假设之词。怀，怀私也。厥，其也，彼也。行甫按：此乃武王自指其妻与其子。妻，或说太公之女邑姜，生成王诵及唐叔虞。子，太子诵，武王嫡子。行甫按：句意谓，如果对自己正妻所生之子怀有私心偏爱，即使他尚未成年，也让他继承王位，其后果则不堪设想。故下文"德不可追于上"云云，乃言其后果，并说那种种后果，恐怕你叔旦再有能耐也难以补救。**德不可追于上**　德，治国举措，亦兼指个人品德。追，随也，及也。《楚辞·离骚》"背绳墨以追曲兮"，王逸注："追，犹随也。"《文选·刘桢〈赠五官中郎将〉》"偃偃安

能追"，吕向注："追，犹及也。"上，谓先祖。即上文"昔皇祖"之"遗得显义"也。**民不可答于朕** 答，洽也。行甫按：《说文》有"荅"字而无"答"字，"答"乃"荅"之衍生字。"荅"当读为"洽"也。许君说"荅"字"从艹，合声"，古"荅"与"合"，声同互用。《史记·货殖列传》"蘗曲盐豉千荅"，《汉书·货殖传》作"蘗曲盐豉千合"。《左传》宣公二年"既合而来奔"，杜预注："合，犹荅也。"即"荅"与"合"通用之证。然"合"亦通"洽"，《考工记·弓人》"春液角则合"，郑玄注："合，读为洽。"《史记·高祖功臣侯者年表》"合阳侯"，《汉兴以来将相名臣年表》《吴王濞列传》并作"洽阳侯"；《水经注》卷四《河水》亦作"洽阳"。是"荅""合""洽"三字，声同义亦相通。《尧典》"协和万邦"，《五帝本纪》作"合和万国"，是则"答"若"洽"者，犹言"和洽""辑睦"也。朕，当与"下"字乙倒，因注家说"答"义为"对"为"当"，不知"答"之为"洽"也，故乙"朕"字作宾语，又以"下"字属下为读，解为与"天"相对的"下"，误甚。**下不宾在高祖** 下，当与"朕"字乙倒，说见上。朕，我也，武王自我。宾，《广雅·释诂一》："列也。"《楚辞·天问》"启棘宾商"，王逸注："宾，列也。"高祖，陈逢衡曰：太王以上。孙诒让曰：不得宾于高祖，言不得配祀也。

⑧**维天不嘉** 维，以也，因也，为也。嘉，善也。**于降来省** 于，以也，与上"维"字相关为用。降，下也。来，未来、将来也。《荀子·解蔽》"不闵来"，杨倞注："来，将来也。"行甫按：此"来"字犹《论语·微子》"往者不可谏，来者犹可追"之"来"。省，与"眚"通，灾难也。孙诒让曰：省当为眚，古音近字通。《谥法篇》"治而无眚曰平"，今本眚亦作省。**汝其可瘳于兹** 汝，汝姬旦也。其，将也。可，孙诒让曰：

"可"疑"何"之省。行甫按："可"与"何"通用。《石鼓文》"其鱼维可"，即"其鱼维何"也。《马王堆帛书老子》"道，可道也，非恒道也"，亦读"道，何道也？非恒道也"，说见拙著《中国早期文化意识的嬗变》第二卷相关论述。瘳，《说文》："疾愈也。"行甫按：此"瘳"犹言"治愈""补救"也。兹，此也。指上述诸多严重后果也。

⑨**乃今我兄弟相后**　乃，以也，因此也。相后，犹言相继也。唐大沛曰：后，即上文"传于后"之"后"。行甫按：唐说是也。此段专言继嗣传位之事，故照应前文也。**我筮龟其何所即**　筮，以蓍草占卦也。龟，以龟甲占卜也。其，犹岂也。所，犹"可"也。《孟子·梁惠王》"就之而不见所畏焉"，犹言"不见可畏焉"，是其例也。即，就也。《尚书·金縢》"今我即命于元龟"，蔡沈《书传》："即，就也。"行甫按：此"即"意谓"就筮龟"而"命"之也。**今用建庶建**　今，与上"乃今我兄弟相后"之"今"同，无须改字。用，以也。建，《说文》："立朝律也。"行甫按：此"建"与"庶建"之"建"义有不同，谓"建立制度""定为规则"也。庶，群也，非嫡也。建，立也。《国语·鲁语上》"夫位，政之建也"，《晋语四》"善，德之建也"，韦昭注并云："建，立也。"行甫按："庶建"，犹言"群弟之立"也。

⑩**叔旦恐**　恐，惧也。行甫按：自商王康丁而后至于帝辛，四世皆立嫡子而非兄终弟及，至周武王欲变更自殷末以来成法，故周公大为惊恐也。**泣涕共手**　泣涕，哭泣流泪。共，拱也。行甫按：周公仅为"泣涕共手"者，乃不置可否之意也。表面看来，周公乃默然接受，但深心却大不为然。默然接受者，以宽武王之心也；深心不以为然者，武王群弟，年皆方壮，既为兄终弟及，则以长不以贤，而管叔长于周公，

亦有争立之势。是之所以武王崩殂，周公亦以太子诵即王位，此"立子以贵不以长"也。而周公仅摄王政，亦如武王未崩之前也。至成王力能践阼，周公乃还政于成王，见其不然武王之议也。而武王生前既有此兄终弟及之议，管叔以为周公自立，故有"不利于孺子"之流言也。且日后成王之所以对周公亦多所猜忌者，其始因亦在于此也。

此为本篇第二节，武王忧虑自己来日无多，而太子年幼，无法应对当前百废待兴的艰难时局，命叔旦仿照唐尧与虞舜的历史故事，替他摄行天子之事，并建议死后由叔旦直接继承王位。叔旦不置可否，却自有主张。

[绎文]

说完创建国家制度及其具体治理举措之后，便谈到眼下最为紧迫的王位继承之事。武王说，姬旦啊，你是我能力最强因而也是事务最为忙碌的弟弟，我经常疾速地催促你办这事办那事，你常常是忙得连吃饭的空闲都没有，哪里还有工夫去顾及家庭里的琐事呢？然而，你之所以如此繁忙，是由于我不断催促使唤的结果；而我整天匆忙劳累日理万机，却是因为上天的不断催促与指使。而且上天与神灵给予我的时日已经不多了，我即使再怎么忙碌，也难以有机会带领我们的邦国走向繁荣与昌盛，所以我就更加顾不上我的室家之事了。我的室家之事，不是别的，就是有关王位继承的事情。当然，对于我来说，这是家事，但对于社稷宗庙来说，这也是邦国的头等大事。你虽然年轻，却具有超凡的大智慧。从过去我们的始祖后稷到现在，一直都在努力地树立他们高雅尊贵的道德风范以及养成他们光明磊落的人格精神，在一代一代的传教与期待之中，继承先王的精神品德这副千斤重担，最终就交付落实到我的身上了。而且就像农夫在田地里从事辛勤的播种与耕耘，然后如饥似渴地盼望着大好收成那样，期待着我将大有作为。没有足够让我出类拔萃的优秀品格以及打破平庸的超常能力，我们的先祖后稷在上帝那里便得不到备受尊重的高贵地位，这样的话，我们的先祖该有多么失望啊！你年轻有为，富于春秋，希望你来继续挑起这份千斤重担，不辜负先祖对我们的殷切期盼；所以你最好现在就开始代替我总摄万机，向各路诸侯分颁天子之大瑞；这实际上就是援引当年虞舜代替帝尧摄行天子之事，觐四岳群牧，班瑞于群后的历史先例。之所以如此而行，是因为我的正妻所生的嫡子太过幼小，根本承担不了先祖留下的这副千斤重担，更没有能力应对眼下瞬息万变的艰难时局，如果我怀有私心，偏爱正妻与嫡子，不顾国家大势，让年幼的嫡子继承王位，他的德行修养难以追攀天上的先王先公，他的治国能力又不足以和洽天下的万民百姓，我本人死了之后也没有资格配享于列祖列宗；再加上老天爷不看好他，日后又给国家降下灾难，到了那个时候，即使你叔旦再怎么有能耐，再怎么奔波劳累，恐怕也是难以补救的了。有鉴于此，我们现在就兄终弟及吧，哪里还用得着我去算卦与占卜预测吉凶呢！因此，我们现在就来建立群弟继立的制度。姬旦听完之后，流着眼泪向武王拱拱手，默然不语。

王曰：呜呼，旦！我图夷兹殷，其惟依天，①其有宪令，求兹无远。②虑天有求绎，相我不难。③自洛汭延于伊汭，居阳无固，其有夏之居。④我南望过于三涂，我北望过于有岳，丕愿瞻过于河，宛瞻于伊洛，无远天室。⑤

其曰兹曰度邑。⑥

[校注]

①**王曰呜呼旦我图夷兹殷** 图，谋也。夷，易也，移也。《尔雅·释诂下》："夷，易也。"《尚书·盘庚》"无俾易种于兹新邑"，王念孙曰："言毋使移种于新邑也"，"移、易二字同义"。兹，此也，近指代词。行甫按：武王自殷都作完《商誓》的讲演之后，便带领了一批殷遗前往宗周。殷，殷遗。**其惟依天** 其，乃也。惟，思也，与"图"字相照应。依，近也。"天"字后，朱右曾据陆麟书说增"室"字，是也。"依天室"，犹言靠近"天室"。行甫按：二句意谓，我打算迁徙这些殷遗，是想把他们迁移到靠近"天室"的地方。

②**其有宪今** 其，若也，如也。宪，悬法以示之。《周礼·太宰》："正月之吉，始和布治于邦国都鄙，乃悬治象之法于象魏，使万民观治象，挟日而敛之。"是古人发布政令，皆于城阙（"象魏"）悬挂"治法"或"治象"十天（"挟日"），而召集万民前往观看。今，诸本作"命"，当据改。行甫按："宪命"，即《周礼》所谓"悬治象之法于象魏"也。"宪"与"显"，相通互用。"宪命"与上文"显服"意义相近。"宪命"者，犹《庄子·外物》"饰小说以干县令"之"县令"也，"县令"亦即"悬令"。**求兹无远** 求，聚也。《管子·七法》"聚天下之精材"，《幼官》作"求天下之精材"，即是其证。兹，即兹殷也。无远，不远也。行甫按："求兹无远"，意即，将殷遗集中居住在一起，如需聚集他们观看城阙上所悬之法令，比较容易，路程不是很远。

③**虑天有求绎** 虑，考虑。行甫按：诸本无"虑"字，但不害文意。有"虑"字则文意更显，且与上文"图"字、"惟"字相关照应。求，索也，究也。绎，《说文》："抽丝也。"行甫按："求绎"，近义复

词，犹今所谓考索、抽引、研求之意。**相我不难**　相，助也。我，我周邦也。不难，谓易也。行甫按：此二句意即，考虑到如果上天要求我们有所发明创造之事，有殷遗才智之士的帮助，就不是什么困难的事了。

④**自洛汭延于伊汭**　汭，水曲也。庄述祖曰：水相入曰汭。洛汭，洛水入河之处，今河南巩义市北。延，及也。伊汭，伊水入洛之处，今河南偃师市境。**居阳无固**　居，处所，位置也。阳，《史记·周本纪》作"易"，司马贞《索隐》："自洛汭及伊汭，其地平易无险固。"行甫按：当依《史记》作"易"，其义即司马贞之所言也。"易"讹为"昜"，后人又增"阜"旁而为"陽"，今写作"阳"。固，险固也。其土地平衍，无险可据也。**其有夏之居**　其，乃也。有夏，夏人也。"有夏之居"，谓夏人所居住的地方。

⑤**我南望过于三涂**　三涂，庄述祖曰：晋侯使屠蒯如周，请有事于洛与三涂，则三涂去洛不远矣。行甫按："三涂"，当在今河南洛阳市嵩县西南。**我北望过于有岳**　有岳，王念孙曰：当作"岳鄙"。陈逢衡曰：岳即太岳，在今山西霍州东南。鄙，山麓也。行甫按：太岳山在今山西省霍州市南。则"岳鄙"，即太岳山之南麓也。**丕愿瞻过于河**　丕，卢文弨据《史记·周本纪》校改为"鄙"，属上为读。行甫按：卢氏之校是也，说见前。愿，《史记》作"顾"，当据改。行甫按："顾瞻"犹"回望"也；亦与下文"宛瞻"相对为文。河，王念孙曰："河"字上应有"有"字，今误入上句"岳"字之上。有河，即大河也。行甫按：王说是也。"有"字乃语助词，变单音节为双音节，使唇吻调利也。**宛瞻于伊洛**　宛，《说文》："屈草自覆也。"是"宛瞻"者，回环低覆而望之意。**无远天室**　天室者，谓天下之中也。

⑥**其曰兹曰度邑**　其，乃也。曰，王念孙、朱右曾据《玉海》十五

引作"其名"校改为"名"。孙诒让曰:"名"与"命"通。前《大聚篇》云"命之曰大聚",文例与此同。行甫按:此句为史官记事之辞,定其篇名于文末也。

此为本篇第三节,武王图谋迁徙殷遗于"居天下之中"的洛邑,一是便于集中管理,有利于继承与再造华夏文明正统;一是利用殷遗才智之士,在发明创造方面为周邦效力。之所以定在伊洛流域,也是由于此处地势平衍,殷遗不可能据险反叛。

[绎文]

武王再次大为感叹地说,唉,姬旦啊!我打算迁徙这些归顺于我们周邦的殷遗才智之士,其目的是让他们靠近"天室",那是天下的中心地带。把他们集中到那里去,一是为了便于管理,如果需要召集他们了解颁布在城墙上的相关法令,路程不是太远,所以集中起来就比较容易。二是考虑到上天如果需要我们周邦有所兴造与制作,这些殷遗才智之士正好可以帮助我们,因而我们邦国的建设事业,就不会有很多麻烦。从洛水入河之处到伊水入洛之处,这里的地理形势最为明显的特点,就是地势平坦,无险可据。这些归顺的殷遗居住在这里,不至于发生叛乱,给我们周邦惹麻烦,而且这里也是夏人曾经居住过的地方,可以在这里再续华夏文明的正统。因此,我向南边张望,越过三涂山;我向北边张望,越过太岳山南麓,环顾大河上下,最后低头反复观察伊水与洛水流域,只有这个地方离"天下之中"的"天室"最近。

史官记录了武王与姬旦的这次谈话,便把这篇文书称之为《度邑》。

跋

　　校释《逸周书》这两篇文章，有不少意想不到的收获。尤其《度邑》这篇，可谓揭发了西周开国之初的一大惊天秘密。原来周公摄政是在武王未崩之前，便由武王亲为指定的。武王效法虞舜与帝尧故事，请周公代替他总摄万机，代行天子之政，且明确地说，"兹于有虞意"，即申明之所以做出这样的安排，其用意正在援引上古虞舜代替帝尧摄行天子之事的成例。然而古今注家对此竟懵然不知，以致这个历史细节被湮没了数千年。此外，这也涉及《尚书·尧典》的历史价值以及有关尧舜的历史传说早在殷周之际的流传线索，这也是几千年来所不为人知的重要学术信息。

　　这些新的发明与发现，必将有助于重新认识西周开国之际的一系列重大政治事件。尤其是《尚书·尧典》的早期流传，直到现在我们仍然一无所知，然《度邑》篇"兹于有虞意"这一说法，无疑为我们增加了更为可信的直接史料。果如此，则这两篇作为附录的校注文字，将来或可由附庸而蔚为大国邪！

　　是为跋。

主要参考书目

孔颖达：《毛诗正义》，中华书局 2009 年影印阮元校刻《十三经注疏》本

朱熹：《诗集传》，上海古籍出版社 1980 年版

马瑞辰：《毛诗传笺通释》，中华书局 1989 年版

黄焯：《毛诗郑笺平议》，上海古籍出版社 1985 年版

孔颖达：《尚书正义》，中华书局 2009 年影印阮元校刻《十三经注疏》本

蔡沈：《书经集传》，上海古籍出版社 1987 年版

胡渭：《禹贡锥指》，上海古籍出版社 1996 年版

孙星衍：《尚书今古文注疏》，中华书局 1986 年版

皮锡瑞：《尚书大传疏证》，上海古籍出版社 2002 年影印《续修四库全书》本

诸祖耿整理：《太炎先生尚书说》，中华书局 2013 年版

陈舜政译：《高本汉书经注释》，台北中华丛书编审委员会 1981 年版

程水金：《尚书释读》，人民文学出版社 2020 年版

郝懿行：《尔雅义疏》，上海古籍出版社 1983 年版

宗福邦等：《故训汇纂》，商务印书馆 2003 年版

孙诒让：《周书斠补》，光绪丙申（1896 年）刻本

刘师培：《周书补正》，凤凰出版社 1997 年版《刘申叔遗书》本

黄怀信等：《逸周书汇校集注》，上海古籍出版社 1995 年版

黄怀信：《逸周书校补注译》（修订本），三秦出版社 2006 年版

牛鸿恩：《新译逸周书》，台湾三民书局 2015 年版

孔颖达：《春秋左传正义》，中华书局 2009 年影印阮元校刻《十三经注疏》本

徐元诰：《国语集解》，中华书局 2002 年版

王国维：《古本竹书纪年辑校》，辽宁教育出版社 1997 年版

王国维：《今本竹书纪年疏证》，辽宁教育出版社 1997 年版

范祥雍：《古本竹书纪年辑校订补》，上海古籍出版社 2011 年版

司马迁：《史记》，中华书局 1982 年版

范晔：《后汉书》，中华书局 1965 年版

郭沫若：《卜辞通纂》，科学出版社 1983 年版

陈梦家：《殷虚卜辞综述》，中华书局 1988 年版

唐兰：《殷虚文字记》，上海古籍出版社 2015 年版

丁山：《甲骨文所见殷商氏族及其制度》，中华书局 1988 年版

常玉芝：《商代周祭制度》，线装书局 2009 年版

王宇信：《西周甲骨探论》，中国社会科学出版社 1984 年版

顾颉刚编：《古史辨》，上海古籍出版社 1982 年版

马骕：《绎史》，上海古籍出版社 1993 年版

许倬云：《西周史》，生活·读书·新知三联书店 1994 年版

杨宽：《西周史》，上海人民出版社 1999 年版

皇侃：《论语集解义疏》，《诸子集成新编》，四川人民出版社 1998 年版

程树德：《论语集释》，中华书局 1990 年版

焦循：《孟子正义》，中华书局 1987 年版

王先谦：《荀子集解》，中华书局 1988 年版

欧阳哲生编：《傅斯年全集》，湖南教育出版社 2003 年版

黄汝成：《日知录集释》，岳麓书社 1994 年版

徐中舒：《徐中舒历史论文选辑》，中华书局 1998 年版

张汝舟：《二毋室古代天文历法论丛》，浙江古籍出版社 1987 年版

陈致编：《简帛·经典·古史》，上海古籍出版社 2013 年版

李学勤：《初识清华简》，中西书局 2013 年版

程水金：《中国早期文化意识的嬗变——先秦散文发展线索探寻》
　　　　第一卷，武汉大学出版社 2003 年版

程水金：《中国早期文化意识的嬗变——先秦散文发展线索探寻》
　　　　第二卷，武汉大学出版社 2004 年版

这本小册子的写作，其实也颇为曲折，亦如我的《尚书释读》，最初并没有列入写作计划，因而照例又是一次风云际会与机缘巧合的意外收获。

我的一位朋友曾向东教授，多次命我为他主编的大刊《中国文化与管理》杂志写一点有关"中国传统文化与管理"的文章。而且，也承蒙向东教授不弃，自创刊之日起，便多次邀请我参加他们编辑部举办的刊物选题座谈会，从而有幸认识了一批在我的学科领域之外的新朋友，也聆听了管理学界众多知名学者所发表的高论卓见，从而让我这个地地道道的门外汉对管理学稍稍有了一点肤浅的接触。但是，与生俱来的冥顽与愚钝，始终令我对于管理这门学科的理论与案例不得其门而入。我自己也总是诚惶诚恐地对与会的专家朋友们一再声明："我真的不懂管理学！"可是这些专家朋友似乎不太愿意对我有所宽假，尤其是江西财经大学原副校长吴照云教授，也是我在向东教授的引荐之下新认识的朋友。他是中国管理学会的创始人之一，承担过国家哲学社会科学基金有关管理学方向的重大项目，可以说著作等身，成果累累。吴教授总是用一种不容置疑的口吻对我说，"你怎么不懂管理学？先秦诸子百家，哪一家都不是与管理有关的学问！"对于朋友们这些跨界的信任与盲目的鞭策，我只好报以苦涩与无奈的微笑。私心却在既恨自己冥顽不灵，没有一通百通的挥洒自如；更恨自己腹笥空虚，没有左右逢源的深造自得。

然而，向东教授似乎对我锲而不舍地抱着莫大期望。每次相见，总是满脸堆着让人无法拒绝的诚恳对我说："有关中国文化方面的稿件，你可要多加支持啊！"然而，起初向东教授对我说这样的话，我总是不置可否地笑而不答。无非为了藏拙，因为实在不敢率尔操觚。可是，向东教授却偏要不遗余力地把他的诚恳与执着进行到底，似乎压根儿就不知道或者不理会我的苦衷，一而再，再而三地对我挥舞着令人无法拒绝的诚恳，终于把我逼到了墙角，退无可退了。于是便在二〇二〇年深秋的一次组稿会上，就以《西周开国初期的管控策略及其治理意识》为题，作了简短的口头发言。因为在做《尚书释读》时，对这个问题略有一点意向性想法，只不过处在相当粗浅的直觉阶段，并没有形成系统深入的思考，再加上日常教学的繁剧与项目研究的忙迫，实在不能在短期内专门抽出时间来写这个涉及我根本不懂的管理学论文。虽然不能提交现成的会议文章，向东教授仍然表现出一如既往的诚恳，还加上了更加难得的宽容，于是我也就照例一如既往地去参加他们的组稿会，与新老朋友一堂济济，好不快活！

当然，我也深知，这回是必定要献丑不可了，那拙再怎么藏，最终是藏不过去的。在会议现场，即兴说了几个彼此不太连贯的小想法，而且由于准备不充分，既没有现成文章，也没有使用投影仪，因此是很难把问题说清楚的。吴照云教授就私下里批评说：你那个标题本身，就存在着较大问题，"管控策略"与"治理意识"，概念本就相同。当然，我并不认为二者完全没有区别。我觉得"治理意识"包含着思想的环节，而"管控策略"只是涉及具体的措施。此外，由于涉及"佶屈聱牙"的今文《尚书》，所以讲者既没有讲得很清楚，听者也就更不能听得很明白了。这样，待到要动笔形成文字，脑袋里就更是一片空白了。南朝文学家刘勰说，"意翻空而易奇，言征实而难巧"，真是"放之古今四海而皆准"的铁道理。然而，正在我思满胸臆却又苦于成言之际，向东教授又来电话了，他命我将会议发言整理成文字，编辑部要出一期有关这次会议的学术综述。不得已，将胸中的一团乱麻稍稍条理，总算找到了一点比较贴近的文字表述，匆忙之间就发给向东教授了。而向东教授看了之后，又对我进行了一番热情的鼓励，说是对这个选题非常感兴趣，可是我却在心里暗暗地叫苦不迭。无奈之下，只好按照这个大纲的思路，着手撰写文章了。

然而，在写作过程中，仍然存在很多问题。的确，西周初年的这些管理举措与治理意识，可以按照这个思路，形成一篇比较像样的与管理学相关的文章。但是西周初年之所以采取这些管控策略与治理举措，其深层次的内在历史原因，却难以揭示与展现出来。私心以为，如果没有揭示这些治理举措之所以形成的深层历史根源，这样的文章，便是无源之水、无本之木，不过仅止于一种现象描述而已。而且甲乙丙丁，平铺直叙，淡乎寡味，令人生厌。有鉴于此，我便将文章标题确定为《周人"燮伐大商"的运作策略与"翦商"之后的社会治理》，实是想从历史的因果性中彰明这些具体管控举措之得以形成的来龙去脉。

　　但是，问题又来了。周人如何"燮伐大商"，其具体的历史细节，就现有资料而论，根本无从得知；而目前学术界的既有说法，似乎与历史真相相去甚远。详加考证，重新论定，就是无可避免的事了。而且，西周初年的一系列政治举措，与他们的政权获取方式也密迩相关，前人在这方面也并没有系统的研究成果可资借鉴。尤其是载籍之中许多相关材料，或语焉不详，或本末颠倒，或故设迷障，或隐瞒真相，重新考订与系统整理的前期任务，也就十分繁重了。按照这一写作思路，其最后的结果，不仅与管理学的初衷渐行渐远，而且篇幅也格外地庞大起来，也就可想而知了。

　　足足耗费了半年时光，成稿竟然八万多字。然而，对于向东教授而言，却无异一只巨型鸡肋。作为期刊，发表如此冗长的文章，这在中国当代学术界，几无先例，自不必说；而且文章从内容到形式，都与管理学科多所隔膜。弃之而不忍，用之而甚悖，向东教授的左右为难，我完全可以想象，也完全可以理解。而且，我自己又十分地执拗，不大愿意按照刊物的要求改写已然成形的文章；更何况这是我上下求索，苦心孤诣，多有前修未及的一孔之见。因此，我把稿件寄给向东教授之后，并没有奢望能在他的刊物上发表出来。在散步闲暇之余，我也曾对自己说：曾主编接了一个烫手的山芋！不过，尽管如此，我仍然敝帚自珍，打算在我自己主编的大型学术辑刊《正学》上首先完整地推出这篇文章。

　　此外，我也认为，既然篇幅如此之大，索性把它稍作拓展，作为一本小册子单独出版，比《正学》杂志发行量大许多，让更多人了解自己的观点，也未尝不是一件有意义的事情。于是趁着二〇二一年这个暑期，独自一人在南昌顶着酷热增改论文。然而，就在七月下旬，我的修改工作即将告竣之际，向东教授突然给我发来信息，他打算把拙文分成两篇在他的刊物上发表，命我将前半部分略作改动，形成一篇相对独立的文章，并重拟标题，改写提要，更换关键词，且指定我于某日之前交稿。我决不能再次拂了他的热忱与美意，而且正在增修前作，也算是顺势而为的事了，于是便非常愉快地接受了他的建议。

由于上述原因，这篇文章，也就有了多个不同的版本。一是向东教授主编的《中国文化与管理》杂志所发表的经过分割的两篇本；二是《正学》杂志作为原标题《周人"燮伐大商"的运作策略与"翦商"之后的社会治理》的全文本；三是这个小册子改题为《殷周鼎革论》的修订本。但是每个版本，都有些不同的思想与视角，其实也就形成了不尽相同的问题意识。而且，尤其是这个小册子所附录的两篇《逸周书》校注绎文，对于殷周鼎革之际所发生的一系列重大历史事实而言，又出现了堪称石破天惊的新材料与新问题。真可谓移步换形，随形附影，"虚而不屈，动而愈出"，问题层出而不穷！其修改增订，岂有终日！

之所以不厌其烦地说了这许多话，无非是要记下我与向东教授以及管理学界的各位同仁，尤其是江西财经大学原副校长吴照云教授这段不平凡的友谊以及这个小册子终于以如此面目问世的前因后果，尤其以此对向东教授表达无尽的感激之情。没有向东教授令人无法拒绝的诚恳与热忱，没有他那温文尔雅的催促与锲而不舍的鼓励，我可能这辈子都不会做这个题目，更不用说在文本资料的释读上以及在历史真相的破解上会有什么了不起的贡献了。

最后，非常感谢南昌大学人文学院以及历史系的各位领导，对于本书的出版给予了极大帮助。也非常感谢人民东方出版集团李斌博士及吴晖湘女士，是他们热心的支持与辛勤的编审劳作，终于让我实现了在国家最高级别的出版机构刊布学术著作的夙愿。此外，还要由衷地感谢两位与此相关的关键人物，一个是南京大学教授兼江西媳妇刘波女士，是她的热情引荐，让我认识了曾向东教授，并结下了如此深厚的友谊；另一个是曾经两度同窗份属同门的师兄北京语言大学方铭教授，是他因文事的引介，使我有幸与李斌博士定下了莫逆之交，并有机会与吴晖湘总编辑相识。有道是"天网恢恢"，人生就是一张网，每个人都是这网上的结；结与结的关联，就是那分散在四周"疏而不漏"凝聚着友情与关爱的每一条生命线！

特别感谢南昌大学人文学院院长江马益教授的支持与帮助。尤其是人文学院副院长、历史系主任张芳霖教授慨然允许本小册子作为历史学专业的科研成果列入学科资助计划，本人深表谢意！

程水金行甫二○二一年八月八日草于南昌大学国学研究院